PENDEL-PRAXIS

Metall, Mineral und Pflanze

von
A. Frank Glahn

Band II (von VI)

Die Pendellehre von A. Frank Glahn in 6 Bänden

Portrait und Signatur von A. Frank Glahn um 1933
aus "Die Begriffene Astrologie", Uranus-Verlag, Memmingen, 1933.

Weitere Bücher aus dem Bohmeier Verlag (www.magick-pur.de):

Der Gebrauch des Pendels (Band I), *von A. Frank Glahn,* ISBN 978-3-89094-671-9
Metall, Mineral und Pflanze (Band II) *von A. Frank Glahn,* ISBN 978-3-89094-672-6
Natürliche Kräfte in Strahlungen (Band III) *von A. Frank Glahn,* ISBN 978-3-89094-673-3
Seele und Geist – Charakter und Anlagen (Band IV) *von A. Frank Glahn,* ISBN 978-3-89094-674-0
Der Körper, Krankheit und Heilmittel (Band V) *von A. Frank Glahn,* ISBN 978-3-89094-675-7
Magie der Symbole – Der spirituelle Pendel – Radio des Geistes (Band VI) *von A. Frank Glahn,* ISBN 978-3-89094-676-4
Das deutsche Tarotbuch *von A. Frank Glahn,* ISBN 978-3-89094-452-4
Die Pendel-Diagnose - Ein Verfahren zur Feststellung der inneren Krankheiten des Menschen *von Dr. med. E. Clasen,* ISBN 978-3-89094-527-9
Liebes- und Krankheitsamulette - Talisman Turc, Ursprung und Wesen Magischer Quadrate *von Ferdinand Maack,* ISBN 978-3-89094-612-2
Die Magie des Raumes und der Zahl, Die heilige Mathesis *von Ferdinand Maack,* ISBN 978-3-89094-614-6
Goethe als Okkultist *von Prof. Max Seiling,* ISBN 978-3-89094-566-8

Friedrich, Heinrich, August Glahn (* 18.01.1865 in Linden, Hannover; † 06.02.1941 in Hollenstedt), zunächst Theosoph, später Freimaurer. Er war einer der bekanntesten deutschen Astrologen in der ersten Hälfte des 20. Jahrhunderts. Er publizierte als okkulter Schriftsteller zahlreiche Werke über Astrologie (entwickelte die nach ihm benannte *Glahn-Methode* der Horoskopdeutung), Kabbala, Runen, Pendeln und Tarot (zu diesem Buch verfasste er auch ein Kartendeck, *Das deutsche Tarot-Buch* auf kabbalistisch-astrologischer Grundlage). Am 15.02.1916 erschoss seine Frau vier der gemeinsamen Kinder und kam danach in eine Irrenanstalt. Dies führte letztlich auch Glahn in eine schwere persönliche Krise. Bekannt wurde er durch *Uranus* (Glahns astrologischer Volkskalender), und seine Arbeiten zur Radiästhesie, sowie durch seine 6-bändige *Pendel-Bücherei*. Sein Tarot-Buch wurde, wie einige andere seiner Bücher, in der NS-Zeit verboten und vernichtet. Andere Werke scheinen ab 1933 eine Hinwendung zur NS-Regierung zu zeigen (wobei seine persönliche Intention unklar bleibt.). Wir konnten trotz ausführlicher Recherche keinen Rechteinhaber ausmachen. Sollte es dennoch Rechteinhaber geben, bitten wir um Nachricht.

ISBN 978-3-89094-672-6

Inhaltsverzeichnis

Hinweis des Verlages

Wir weisen darauf hin, dass das Auspendeln von Krankheiten, Beschwerden und Heilungsmethoden nur von einem geübten Pendler ausgeführt werden sollte. Zudem sollten Sie unbedingt den ärztlichen Rat suchen (auch um Ihre Ergebnisse zu verifizieren)! Der Bohmeier Verlag ist frei von jeden Ansprüchen bezüglich des Gebrauchs oder Missbrauchs der in diesem Buch gegebenen Hinweise.

Die Schreibweise der Erstausgabe wurde beim Neusatz beibehalten. Dies umfasst auch verschiedene Schreibweisen, die heutzutage nicht mehr üblich sind. Frank Glahn verwendet den Begriff „*der* Pendel" obwohl dies heute als falsch anzusehen ist. Üblicherweise sagen wir heute „*das* Pendel". Wir haben hier aber dem Original aus stilistischen Gründen den Vorzug gegeben zumal dies ausdrücklicher Wunsch von Frank Glahn war. Korrekturen auf inhaltliche Fehler wurden vorgenommen, jedoch ohne den Charakter der Erstausgabe zu verfälschen oder den Text inhaltlich zu ändern.
Alle Anmerkungen und Erläuterungen und Ergänzungen des Verlages sind mit einem Kürzel versehen (rs.) oder (D. V.). Alle anderen Fußnoten waren schon im Original vorhanden und wurden natürlich übernommen (*kursiv*).

Wir wünschen Ihnen viel Erfolg bei Ihren Pendel-Arbeiten!

Einleitung

Der Mensch ist eine Antenne! Das ist von Wolfgang Raab in München ohne Absicht entdeckt worden. Damit wird allen bewiesen, dass Strahlen uns beeinflussen. Denn, wenn schon der Lautsprecher über Mensch und Empfangsgerät drahtlos Gesendetes verkündet (was ohne Mensch und Antenne nicht geht), ist dem so gern verneinenden Geist der Mund verschlossen. Jetzt besinnt sich der deutsche Wissenschaftler darauf, das *Georges Lakhovsky*[1] in Paris 1925 ein Buch herausgegeben hat *L'origine de la vie. La radiation et les êtres vivants.* Darin beweist der Verfasser, dass die Tiere in ihrem Körper im Gehörorgan[2] Antennen haben, soweit es nicht die Fühlhörner sind. Der uns rätselhafte Ortssinn der Tiere, speziell der Wandervögel, erklärt sich durch kosmische Wellen, durch „radiation". Auch auf die Pflanzen haben die Wellen bestimmenden Einfluss. Um das zu beweisen, legte er um Blumen Antennenspiralen. Die damit versehenen Blumen gewannen eine starke Entwicklung, sie übertrafen alle Versuchspflanzen gleicher Art ohne diese Vorrichtung. Das wird durch Abbildungen vor Augen geführt. Nicht Instinkt führt die Tiere, sondern die Wellen, die Strahlungen. Das Aufnahmeorgan ist im Schneckengang des Ohres. Wir sind jetzt gerade in das Zeitalter[3] der entdeckten Strahlen gekommen, alle früheren Theorien fallen zusammen. Eine neue Lebenslehre entwickelt sich auf Grundlage der Strahlung, des „Stromes".

Die immerhin bei der Art unserer Bildungsdressur mögliche Auffassung, dass Lebewesen wohl Einstrahlungen empfangen können, ohne wieder in irgendwelcher Form auszustrahlen, wird ungewiss[4].

Seitdem ich 1923 meine erste Pendellehre mit der Grundbehauptung herausgab: Jeder lebende und naturgewachsene Stoff strahlt, hat sich ein völliger Umschwung im zustimmenden Sinn vollzogen. Alle Entdeckungen hier anzuführen, erübrigt sich. Das geht über die Absicht der Pendelbücherei hinaus.

Hier genügt es, die Tatsache als solche anzuführen und zu lehren, wie mit dem Pendel allen diesen Erscheinungen nachgeforscht werden kann. Zudem berichten die Zeitschriften nunmehr recht oft über diese Entdeckungen. Allerdings wird *nie* dabei erwähnt, eine bisher als Wahrheit eingepaukte Lehre sei damit über den Haufen geworfen. So wird sicher eines Tages im Ton der Selbstverständlichkeit über den Pendel geschrieben werden von Leuten, die heute die Pendelforschung ebenso selbstverständlich als Täuschung oder Unsinn bezeichnen. Aber man ist auf der Wacht!

---

1 Siehe FN in Band 1 „Der Gebrauch des Pendels". (rs)

2 Im Original: in ihrem Körper Antennen haben, soweit es nicht die Fühlhörner sind, im Gehörorgan, im Ohr. (rs)

3 Die erste Auflage dieses Buches erschien um 1935. (rs)

4 Im Original: gewinnt den Eindruck von unwahrscheinlicher Verständnislosigkeit. (rs)

Einige Vorsichtsmaßregeln für Pendler

nach Professor Bähr[5]

- Es soll kein direktes Sonnenlicht ins Zimmer fallen.
- Die Gradscheibe wird auf den Fußboden gelegt.
- 0–180 Grad in der Richtung des magnetischen Meridians.
- In die Mitte der Scheibe der zu prüfende Körper (Form und Volumen dieser Körper sind unwichtig. Sollen sie am Umfang geprüft werden, müssen sie glatt und rund sein).
- Benutzung eines 90 cm hohen Stützgestells für den Arm.
- Der Pendler soll 60 cm vom Objekt entfernt bleiben, mit dem Gesicht nach Süden.
- Die linke Hand wird frei und offen gehalten.
- Der Pendler steht auf Holz oder Papier (besser Gummi!).
- Unwohlsein und vorhergegangene große körperliche Anstrengung sind für das Ergebnis nachteilig.
- Alle Muskeln müssen im Zustand der Ruhe sein.
- Andere Personen dürfen nicht in der Nähe stehen.
- Helle und trockene Witterung. Wärme.
- Größere senkrechte Flächen (Wände, Schränke) sollen nicht in der Nähe des Pendels sein. Also in der Mitte des Zimmers pendeln.

Diese Regeln gelten für *Gradpendelungen*, für die sonstigen Arbeiten sind sie nicht ohne Beschränkung anwendbar. Dafür gilt, was im I. Band angegeben wurde.[6]

---

5 Siehe FN in Band 1 „Der Gebrauch des Pendels“. (rs)

6 Der Autor verwendet durchgehend den Begriff „der Pendel“ im Gegensatz zu der heute meist üblichen Bezeichnung „das Pendel“. (rs) Wir haben dies so belassen, D. V.

Die Gradpendelungen

Diese haben zunächst großen Wert für die Ausbildung zum Pendler, sie zwingen zur stärksten Aufmerksamkeit und Ausschluss aller störenden Einflüsse. Vorzunehmen sind sie am besten mit Benutzung des Pendelgestells, der Isolierplatten und des Strahlensammlers.

Dabei wird der Pendler auch Versuche machen, die bezwecken, Sonnen- und Mondlicht sowie die Himmelsrichtungen mitwirken zu lassen oder ganz abzuschirmen.

Die Ergebnisse sind nie gradgenau gleich, weil die Stoffe nie ganz gleich sind.

Dann lernt der Pendler die Quadrantenwirkung, den Unterschied zwischen positiven und negativen Strahlungen.

Außerdem erfährt er, welche Grade für die Ernährung und für die Heilkunde nützlich oder schädlich sind. Die Folgerichtigkeit im Aufbau der Pflanzen, von 270 Grad der Wurzeln bis zu 0 Grad der Pistillen[7] herab, ist weiterhin zu bewundern.

Schließlich dienen die Angaben zur Feststellung von Metallen und sonstigen Stoffen. Für Heilkundige und Ernährungsforscher ergeben sich ungemein wichtige Anhaltspunkte.

Kein Pendler darf sich dieser, zudem höchst fesselnden, Pendelungen entziehen. Der Anreiz steigert sich mit der Beschäftigung.

Professor Karl Bähr[8], der in seinem Dynamischen Kreis die Grade ermittelte, hat sich viele Jahre ausschließlich damit beschäftigt, seine Arbeit wird nicht leicht nachgemacht werden.

---

[7] Mit Pistillen sind wahrscheinlich die Staubgefäße der Pflanzen gemeint. (rs)

[8] Siehe FN in Band 1 „Der Gebrauch des Pendels“. (rs)

Der dynamische Kreis

Grundsätzliches

Der 0 Grad = Wasserstoff, Gold, Süden der 45. Grad = Silber, Eidotter der 90. Grad = Palladium, Osten	Positive Elemente. Keime. Nahrungsmittel der Embryonen. Blüten, Pistillen, Äther, Aromatische Öle, feine Gewürze.
der 135. Grad = Eiweiß der 180. Grad = Schwefel, Norden	Negative Elemente. Zucker, Butter, Milch, Kasein, Kleber, Cerealien, Stärke, Nahrungsmittel. Fette und flüchtige Öle, Wein, Schwefelverbindungen der Elemente des I. Quadranten. Kohlesäure-, Natron- und Talkverbindungen.
der 225. Grad = Eierschale, Speichel der 270. Grad = Stickstoff, Westen, Quecksilber	Oxide der Elemente des I. Quadranten. Geschwefelte Elemente des II. Quadranten. Verbindungen mit Kiesel, Kalk, Kali, Baryt, Strontium, Talk und Natron. Salze. Extraktivstoffe, Narkotika, Harze, Wachs, brenzl. Öle, Spirituosen, Essig, Tabak, starke Gewürze.
der 315. Grad der 360. Grad = Sauerstoff	Chlor, Brom, Jod usw. Oxide, Oxidhydrate, Säuren der negativen Elemente des II. Quadranten, Ton-, Beryll-, Zirkon-Erden. Mineralfarben. Edelsteine. Gifte. Alkaloide, Nahrungsstoffe der Pflanzen. Fruchtbare Erde. Exkremente. Wurzeln.

- Positive Körper liegen vom 0-Punkt bis 202½ Grad.
- Negative Körper liegen vom 92½ –360 Grad.
- Nahrungsmittel liegen von 90–180 Grad.
- Nervenreizstoffe liegen von 181–270 Grad.
- Reine Gifte liegen von 271–360 Grad.

So finden wir Salz im III. Quadrant. Dieses ist chemisch Chlornatrium. Chlor pendelt 357½ Grad und Natrium 22½ Grad.

Aufgabe:
1. Pendele Salz auf Grad aus.
2. Bestimme nun die Gradlinie von Chlor, dann diejenige von Natrium. Der Pendel zeigt diese gesondert an! Somit kannst du erstens den Grad der Stoffzusammensetzung ermitteln, dann die Grade der einzelnen Bestandteile.

Stelle dir selbst weitere Aufgaben dieser Art.

Nimm z. B. eine Metalllegierung und nennen die einzelnen Metalle. Der Pendel wird die Gradlinien der vorhandenen anzeigen, ist das Metall nicht in der Legierung, rührt sich der Pendel nicht.
Zur Kontrolle ist der Nachweis durch die Anwendung des Gesetzes der Hemmung zu führen. Berührt die linke Hand ein Stück des gefragten Stoffes, muss der Pendel in der Rechten in Stillstand übergehen, wenn das gefragte Metall in der Legierung ist.

Besonderheiten

Der kleinste prüfbare Abstand beträgt 2½ Grad.
Die am meisten vorkommenden Grade sind 45, 135, 225 und 315 Grad. Sonst findet eine ziemlich gleichmäßige Verteilung statt.
In der Umgebung des Schwefels (180°) finden sich im Abstand von 5 Graden nur Phosphor mit 177½ und Schwefelkohle mit 182½, so dass nur diese 3 Stoffe 10 Grad des Kreises einnehmen! Weiter: Im Abstand von 10 Grad nach beiden Seiten von Schwefel findet sich kein farbiger Körper, nur schwarze, graue oder weiße Körper.
Das Charakteristikum eines Quadranten wird durch die Stoffe in der Mitte angegeben, das heißt

I. *1–90 Grad:* Entwicklung des Nachwuchses, daher Keimstoffe.
 45 Grad als Charakteristikum *Eidotter*, gleich Blutalbumin.

II. *91–180 Grad:* Nahrungsmittel für die höher organisierten Lebewesen.
 135 Grad als Charakteristikum *Eiweiß-Kleber.*
 Die kohlenstoffreichen, stickstofffreien Nahrungsmittel, die dazu dienen, die Atmungs- und Zersetzungsvorgänge zu unterhalten und die Körperwärme zu erzeugen, wie Stärke, Zucker, Fett, stehen in der ersten Hälfte des Quadranten. Die schwefel- und stickstoffhaltigen Nahrungsmittel, eiweißartigen Stoffe, welche die Ernährungs- und Bildungsprozesse erhalten, finden sich von der Mitte ab in der anderen Hälfte.

III. *181–270 Grad:* Narkotische und zersetzende Stoffe.
 225 Grad: *Eierschale*, neben kohlensaurem Kalk, ferner *Speichel.*
 Dieser vermag gleich Diastase[9], Stärkemehl in Dextrin und Zucker umzuwandeln.

IV. *271–360 Grad:* Säuren und Salzbildner.
 315 Grad: *Menschliche Exkremente.*
 Diese enthalten sämtliche unlöslichen Bestandteile der Nahrung: Salze mit alkalischen Basen, phosphorsaurem Kalk, Bittererde[10], die Mineralbestandteile aller Samen.

---

[9] Diastase ist ein Stoff aus Malzextrakt, der Stärke schnell zu Zucker spalten kann. (rs)
[10] Bittererde ist ein älterer Begriff für Magnesiumoxid. (rs)

Der wohltätige oder nachteilige Einfluss der Stoffe auf den Menschenkörper, die Art der Einwirkung auf unsere niederen Sinnesorgane, wie Geruch und Geschmack, steht in engster Beziehung zu deren Stellung im dynamischen Kreis.
Das erste Glied in der langen Reihe duftender Körper ist das Rosenöl, dessen Duft alle anderen Wohlgerüche übertrifft. Das letzte Glied ist ... Chlor, so giftig, dass ein voller Atemzug davon tödlich ist.
Wenn daher das *zweite* Viertel mit Patschuli beginnt und mit Baldrianöl schließt, so empfinden wir deutlich, wie Wohlgeruch in Gestank übergeht. Wir werden daher Moschus 210 Grad im *dritten* Viertel schon deutlich einreihen, in eine Folge, die mit Asa foetida[11] (265 Grad) abschließt. Und dann die Stickgerüche im letzten Viertel bis zum Chlor!
Die Destillate und Gärungen liegen zwischen 125 bis 280 Grad, letzterer mit Alkohol, der in reinem Zustand Gift ist.
So kann fortgefahren werden: Schädlich ist alles, was mehr als 202½ Grad hat, wobei alle Stoffe von 180 bis 202½ Grad schon eine nachteilige Wirkung spüren lassen.
Die Alkaloide stehen zwischen 265 Grad für Koffein und 330 Grad für Strychnin!

„Wenn man die organischen Basen nach ihren Wirkungen auf das Nervensystem in eine Reihe ordnet, beginnend mit Ithein (= Koffein = Theobromin) 265°, so wirken die Endglieder derselben, das Strychnin und Brucin[12], als die furchtbarsten Gifte, das Chinin, mehr in der Mitte stehend, als die geschätzteste Arznei."

(Justus von Liebig)

Die positivste Pflanzensäure ist der Zitronensaft (115 Grad), die negativste die Essigsäure (292½ Grad).
Die animalischen Produkte beginnen ihre Reihe mit Albumin (25 Grad) und schließen mit der Harnsäure im 307½ Grad.
Die Reihe der organischen Bildungen beginnt mit den Lebenskeimen (0 Grad) und schließt ab mit der Blausäure im 345. Grad.
Sensitive Menschen empfinden die seelische Wirkung einzelner Stoffe über den Körper her. Gold verursache Wärme und Behagen. Schwefel ist sehr unangenehm, Quecksilber beängstigend (wie auch Bergkristall![13]). Magneteisenstein und Kupferoxid erregen Krämpfe. Die Grade dafür: Gold 0 Grad, Schwefel als Antagonist 180 Grad, Bergkristall 267½ Grad, Quecksilber 270 Grad, Magnetei-

---

11 Asant *(Ferula asa foetida)* ist auch als *Stinkasant* oder *Teufelsdreck* bekannt. Die Pflanze wird in Teilen als Alkoholauszug oder Räucherung in der Pflanzenheilkunde und Homöopathie verwandt. (rs)

12 Brucin ist ein Alkaloid und wirkt bereits bei geringen Mengen als Nervengift. (rs)

13 Heute gilt der Bergkristall in der Edelsteintherapie als wichtiger Heilstein zur Entspannung, Reinigung und Stärkung. (rs)

senstein 330 Grad. Der störende Einfluss der Stoffe auf reizbare Nerven erhöht sich also in dem Grad, wie ihr dynamischer Abstand negativer wird.
Professor Bähr hat so überwiegend die materielle, also körperliche Wirkung, beobachtet, dass ihm die Wirkungen auf Seele und Geist entgangen sind. Da er auch die Vitamine noch nicht kannte, so waren diese kein Gegenstand der Forschung. Um nur etwas hervorzuheben: Die Nervennahrung Lezithin ist im Eigelb und Gehirn zu finden, Kleber stärkt die Sexualkraft! Zwischen +Eidotter und –Kleber besteht folgender Zusammenhang: Die zur Fortpflanzung notwendige Nervenkraft liefert Eidotter, die Samenkeime wiederum Kleber! Wer Vollkornbrot mit Ei isst, hat beides, er braucht weder Okasa[14] noch Lezithin zu kaufen!
Das ist nur eine Wirkung auf animalische Triebkräfte. Nun kommen die Seelenkräfte höherer Art, für diese sind die Duftstoffe der Nahrungsmittel von Einfluss. Reizmittel wirken eher auf den Verstand ein.
Die Ernährungsfrage wird durch das Zusammenwirken dieser drei Belange erheblich schwieriger. Die Art des Einzelmenschen verlangt Berücksichtigung, vorbei ist die Zeit der Tabellendiät!
Das wurde erst möglich, seit Kallenberg[15] den psychischen Pendel entdeckt hat. Daher stützen wir uns nicht mehr allein auf Bährs dynamischen Kreis, sondern auch auf neuere weitergehende Erfahrungen.
Der dynamische Kreis von Professor Bähr ist eine Großtat, die nicht überschätzt werden kann.
Der dynamische Kreis stellt einen wunderbar geordneten Aufbau dar, der an den Einzelheiten einer Pflanze studiert werden kann, weshalb dafür Beispiele angegeben sind. Der Ausgangspunkt ist immer 0 Grad. Das bedeutet im organischen Leben den entwicklungsfähigen Keim, der sich anschickt, ins Leben zu treten. Was er dazu benötigt, findet er der Reihe nach vor. Mit 90 Grad ist die Entwicklung abgeschlossen, es beginnt die Zeit der Arbeit, des Wirkens, und wiederum werden die dazu nötigen Baustoffe geliefert. Dann kommt der Abbau, antagonistisch zum Aufbau, der Gegenpol von Frühling und Herbst. Und mit 270 Grad beginnt der Tod, der immer tiefer wird bis zur völligen Auflösung.
Jede Gradstellung hat somit volle Bedeutung! Jede polare und antagonistische Verbindung ist hinweisend!
Und erheben wir unsere Gedanken vom körperlichen Wesen zum Ursein, dann erleben wir die Schöpfung, wie sie in der Edda[16] und den Veden[17] angedeutet ist. Dann wird der dynamische Kreis der Schlüssel für das organische Sein!

---

[14] Okasa gibt es heute als Regenerationspräparat für den Mann zum Aufbau neuer Kraftreserven und zur Steigerung der Leistungsfähigkeit im Handel. Okasa gilt als Vorläufer von Viagra. (rs)

[15] Siehe Band I „Der Gebrauch des Pendels“. (rs)

Beginnt mit dem 2. Buch der Pendelbücherei die eigentliche Lehre, so kann nur der dynamische Kreis die Einweihungspforte sein. Er vermittelt die geistige Grundlage für unsere ganze Forschung.
Über alle Beziehungen nach Art, Wirkung und Grad lässt sich ein dickes Buch schreiben, hier kann nur der Schleier gehoben werden, um den ersten Blick auf die Wahrheit zu ermöglichen.

Polare und antagonistische Beziehungen (der Körper durch den Abstand von 90 und 180 Grad ohne Oxide)

Sauerstoff, Wasserstoff, Gold 0° – Palladium 90° – Schwefel 180° – Quecksilber 270°.
Diamant 5° – Hydrophyllit – 95° –Kohle 185° – Weinsteinsäure 275°.
Natrium 22½° – Kupfer, Lompenzucker[18] 112½° – Desmin[19] 202½°.
Silber 45° – Platin 135° – Sepia, Silberoxid 225° – Calomel 315°.
Zink 67½° – Eisen 157½° – Nux vomica[20] 247½°.

Polare Ergänzungen finden sich bei 90 Grad Entfernung, wobei *zum +Pol ein –Pol kommt. 180 Grad* Entfernung lässt keine Verbindung zu!
Die Körper dieser Gruppe zeigen gleich dem Magneten die Eigenschaft, dass sie die dynamische Tätigkeit nicht in ihrem Zentrum, sondern an zwei sich gegenüberliegenden Flächen, *den Polen,* in entgegengesetzter Weise ausweisen. Daher muss der Pendel bei diesen über die Pole gehalten werden.
Es zählen hierher: Magnete, Kristalle, Organismen. Bei den Kristallen nur jene mit scharf hervorstehenden Ecken. Werden die Kanten abgebrochen, so hört die Polarisierung auf.
Die Versuche werden abwechslungsreich und belehrend, wenn als Pendel ein Körper mit Polen benutzt wird, etwa ein kleiner Stabmagnet. Dann tritt Anziehung und Abstoßung in Erscheinung und die Pendelbahnen erfahren eine Veränderung.
Die angegebenen polaren und antagonistischen Beziehungen lassen sich auf diese Weise feststellen. Silber polar zu Platin und Eiweiß, Natrium zu Kupfer und Lompenzucker usw. Zwischen 90–270 Grad finden sich Körper, die gegenüber absolut positiven Stoffen negativ sind, gegenüber absolut negativen hinge-

---

16 Die Edda ist eine Sammlung altnordischer Dichtungen, die sich auch mit dem Schöpfungsmythos beschäftigt. (rs)

17 Die Veden sind die Heiligen Schriften im Hinduismus. (rs)

18 Mit Lompenzucker ist der Rohrzucker gemeint. (rs)

19 Desmin ist ein Mineral (alter Name: Stilbit) und wird heute in Medikamenten zur Empfängnisverhütung eingesetzt. (rs)

20 Nux vomica wird vor allem in der Homöopathie gegen viele häufig auftretende Erkrankungen und Erschöpfungszustände angewandt. (rs)

gen positiv, z. B. Quecksilber und Stickstoff. Kommen drei Körper zusammen, die 90 Grad auseinander stehen, so stellt sich nun eine polar-verbindende Wirkung ein. Sind Gold und Schwefel allein antagonistisch, so führt Palladium sie wieder zusammen. Gold nimmt dann den –Pol an! Das scheint jedoch nicht über 270 Grad hinauszugehen.
Diese Erscheinung ist wichtig für die Zusammensetzung von Heilmitteln, z. B. biochemischen, es können zwei antagonistische durch ein vermittelndes drittes vereint werden, wobei durch den Polwechsel des Mittels mit dem niedrigsten Grad eine veränderte Wirkung hervorgerufen wird.

Wasserstoff und dessen Verbindungen (Gold, Elektrum, Goldoxid, Kohlenstoff)

Elektrum (Als Elektrum wird eine Legierung aus Gold und mindestens 30 % Silber bezeichnet.)	20°
Naphtha	112½°
Ozokerit	115°
Schwefelwasserstoff	130°
Schwefelkohlenstoff	135°
Bergnaphtha	135°
Kennelkohle	142½°
Petroleum	142½°
Leuchtgas	147½°
Alaunerde	150°
Pechkohle	150°
Braunkohle	157½°
Spiritusäther	157½°
Papierkohle	160°
Steinkohle	170°
Asphalt	170°
Blätterkohle	175°
Kienruß	180°
Anthrazit	185°
Graphit	185°
Koks	187½°
Animalische Kohle	187½°
Anthrakolith	190°
Idrialit	202½°
Zeichenschiefer	202½°
Elaterit	220°
Alaunschiefer	222½°
Ammoniak	225°
Kleesäure	240°
Kleesalz	270°
Kohlensäure	280°
Zyankali	310°
Zyanwasserstoff mit Alkohol	345°

Die Elementarstoffe

+ = positive Elemente

+ Wasserstoff	0 °
+ Gold	0 °
+ Diamant	5 °
+ Natrium	22½ °
+ Silber	45 °
+ Magnesium	60 °
+ Zink	67½ °
+ Silizium	80 °
+ Palladium	90 °
Bor	95 °
Lithium?	97½ °
Uran	100 °
Kalium	110 °
Kupfer	112½ °
Barium?	115 °
Strontium?	117½ °

Iridium	120 °
Beryllium?	122½ °
Zinn	125 °
Zirkonium?	127½ °
Aluminium	130 °
Titan?	132½ °
Platin	135 °
Cerium?	137½ °
Nickel	142½ °
Molybdän	142½ °
Kobalt	145 °
Antimon	147½ °
Blei	150 °
Mangan?	152½ °
Kalzium?	155 °
Chlor	357½ °
Eisen	157½ °
Wismut	160 °
Chrom	162½ °
Kadmium	165 °
Tellur	167½ °
Arsen	167½ °
Wolfram	170 °
Selen	172½ °
Phosphor	175 °
Schwefel	180 °
Stickstoff	270 °
Quecksilber	270 °
Jod	310 °
Brom	355 °
Sauerstoff	360 °

Die basischen und sauren Verbindungen und deren Hydrate liegen immer 180 Grad entfernt. Z. B.

Element	Grad	Oxid	Grad
Platin	135 °	Platinoxid	315 °
Eisen	157½ °	Eisenoxid	337½ °
Kupfer	112½ °	Kupferoxid	292½ °

Steht also nur das Oxid zur Verfügung, wird aus dem erhaltenen Grad das Element berechnet. Diese Gradbezeichnungen sind mit „?“ gekennzeichnet.

Weitere Verbindungen der Elemente mit dem Sauerstoff (Basische und saure Verbindungen und deren Hydrate)

Anthrazit	185°
Ätznatron	195°
Silberoxid	225°
Magnesiumoxid	240°
Zinkoxid	247½°
Lithiumoxidhydrat	260°
Uranoxidhydrat	265°
Kieselerde	265°
Uranoxiduloxid	267½°
Palladiumoxid	267½°
Ätzkali	275°
Kupferhydrat	277½°
Kohlensäure	280°
Uranoxid	280°
Borsäure	285°
Bariumhydrat	285°
Strontiumhydrat	287½°
Bariumoxid	295°
Berylliumoxid	302½°
Zinnoxid	302½°
Iridiumsesquioxid	305°
Zirkonoxid	305°
Aluminiumoxid	307½°
Anatas	312½°
Kalkhydrat	320°
Kohlens. Bleioxid	320°
Ceroxid	320½°
Nickeloxid	322½°
Molybdänoxid	325°
Kobaltoxid	327½°

Antimonoxid .... 330°
Schwefelsäure .... 330°
Mennige .... 332½°
Bleioxid .... 332½°
Molybsuperoxid .... 335°
Manganoxid .... 335°
Kalziumoxid .... 337½°
Molybdänsäure .... 340°
Wismutoxid .... 342½°
Chromoxid .... 345°
Kadmiumoxid .... 345°
Phosphorsäure .... 350°
Arsenigesäure .... 350°
Selenigesäure .... 355°
Wolframsäure .... 357°
Phosphoroxid .... 357½°
Quecksilberoxid .... 357½°

Natrium (mit Verbindungen)

Natrium .... 22½°
Soda, Sibirium .... 90°
Kohlensaures Natron .... 90–105°
Schwefelnatron .... 112½°
Glaubersalz .... 135°
Doppelt kohlensaures Natron .... 140°
Nitratin .... 167½°
Tinkal .... 170°
Borax .... 170°
Weinsteinsäure .... 185°
Jodnatrium .... 190°
Sodalith .... 190°
Ätznatron .... 195°
Natrolith .... 200°
Kryolith .... 205°
Bornatrium .... 207½°
Chromsaures Natron .... 225°
Comptonit .... 225°
Nephelin .... 230°
Leucophan .... 232½°
Ryakolit .... 237½°
Oligoklas .... 245°
Labradorit .... 247½°
Albit .... 250°
Pereklin .... 252½°
Gereinigtes Kochsalz .... 255°
Kochsalz .... 260°
Steinsalz .... 265°
Fasriges Steinsalz .... 275°
Leckstein .... 275°
Seesalz .... 280°
Hellrotes Steinsalz .... 280°
Perlstein .... 285°
Turmalin .... 290°
Lasurstein .... 290°
Dunkelrotes Steinsalz .... 295°
Salzsäure .... 300°

Silber- und Zinkverbindungen

Silberglanz .... 95°
Weißes Tellurerz .... 100°
Rotgültigerz .... 100°
Tellursilber .... 112½°
Miargyrit .... 120°
Schalige Zinkblende .... 135°
Melanglanz .... 135°
Schwarze Zinkblende .... 140°
Strahlenzinkblende .... 145°
Zinkblüte .... 270½°
Galmey weiß .... 230°
Galmey gelb .... 232½°
Kohlensaures Zinkoxid .... 240°
Höllenstein .... 250°
Kieselgalmey .... 252½°
Rotes Zinkerz .... 262½°
Chlorsilber .... 267½°
Zinkvitriol .... 272½°
Zinkchlorid .... 290°

Magnesium-Verbindungen

Glimmer .... 112½°
.... 135–140–150°
Talk .... 112½°
Magnesia alba .... 120°
Sepiolith .... 120°
Magnesit .... 120°
Gelber Speckstein .... 147½°
Bittersalz .... 147½°
Terpentin .... 157½°
Dolomit .... 187½°
Asbest .... 192½°
Nephrit .... 200°
Weiße Walkerde .... 202½°
Gelbe Walkerde .... 235°
Chrysolit .... 247½°
Basalt .... 247½°
Pyrop .... 250°
Spinell .... 252½°
Hornblende .... 257½°
Eisenspinell .... 262½°
Kieselerde .... 267½°
Lazulith .... 272½°
Weißer Pechstein .... 275°
Schwarzer Pechstein .... 287½°
Tonerde .... 310°
Roter Pechstein .... 315°

Silizium (Kieselmetall)

Sepiolith .... 120°
Kerolith rötlich .... 210°
Kerolith blauer .... 215°
Strahlstein .... 225°
Polierschiefer .... 230°
Orthoklas .... 245°
Basalt .... 247½°
Opal .... 260°
Bergkristall .... 267½°
Amazonenstein .... 267½°
Feldspat .... 265°
Katzenauge .... 270°
Obsidian .... 270°
Chalcedon .... 270°
Quarz .... 270°
Chrysopras .... 272½°
Feuerstein .... 275°
Rosenquarz .... 275°
Grauer Aventurin .... 275°
Gelber Aventurin .... 280°
Achat .... 277½°
Roter Aventurin .... 277½°
Karneol .... 280°
Amethyst .... 280°
Onyx .... 280°
Heliotrop .... 280°
Andalusit .... 290°
Perlglimmer .... 290°
Granat derb .... 292½°
Granat edel .... 297½°
Rauchtopas .... 297½°
Amethyst .... 300°
Gelberde .... 302½°
Grünerde .... 305°
Roter Pechstein .... 315°

Palladium-, Bor-, Uran-, Lithium-Verbindungen

Lithiumglimmer .... 235°
Lepidolith .... 242½°
Axinit .... 265°
Petalith .... 272½°
Kalk-Uranit .... 275°
Uran-Pecherz .... 280°
Edler Turmalin .... 290°
Uran-Glimmer .... 297½°

Kalium-Verbindungen

Schwefelkalium	210°
Alaun	230°
Kali	240°
Salpeter	250°
Weinstein-Kali	260°
Feldspat	265°
Adular	267½°
Amazonenstein	267½°
Kleesalz	270°
Jodkalium	267½°
Alunit	290°
Moscovit	307½°
Chlorkalium	325°

Kupfer-Verbindungen

Messing	105°
Packfong	127½°
Antike Bronze	170°
Kupferglanz	195°
Buntes Kupfererz	202½°
Zahn-Türkis	252½°
Oxals. Kupferoxid	270°
Kupfersinter	277½°
Kupferlasur	280°
Mineralblau	282½°
Malacit	285°
Rotes Kupfererz	287½°
Türkis-Email	292½°
Grünspan	300°
Olivinit	305°
Kupfervitriol	310°
Türkis	315°
Schweinfurter Grün	330°

Barium-, Strontium-, Iridium-, Beryllium-Verbindungen

Wilkerit	210°
Strontianit	215°
Coelestin	222½°
Schwerspat	230°
Gemeiner Beryll	285°
Edel Beryll	290°
Phenakit	290°
Aquamarin	300°
Chrysoberyll	305°

Zinn- und Zirkon-Verbindungen

Zinnkies	195°
Gemeiner Zirkon	290°
Norweg. Zirkon	300°
Amalgam	297½°
Zinnstein	300°
Hyazinth	305°
Hyazinth dunkelrot	315°

Erdarten usw.

Regenwasser	180°
Kohlensaurer Kalk	220°
Graberde, Sand	225°
Magnesia usta	240°
Schlechte Felderde	247½°
Flusssand	260°
Gute Felderde	265°
Kieselerde	267½°
Menschl. Urin	270°
Kuhdünger	272½°
Mittelgute Gartenerde	275°
Gute Gartenerde	280°
Pferdemist	280°
Ziegenmist	285°

Humuserde .... 292½°
Guano .... 300°
Salzsäure .... 300°
Hundekot .... 305°
Tonerde .... 310°
Salpetersäure .... 310°
Kloake .... 315°
Phosphorsäure .... 330°

Aluminium-Verbindungen

Kupferschiefer .... 217½°
Alaunschiefer .... 222½°
Fleckschiefer .... 220°
Allophan .... 240°
Meißner Porzellan .... 240°
Labradorit .... 247½°
Basalt .... 247½°
Aluminit .... 247½°
Kollyrit .... 245°
Porphyr .... 252½°
Spinell rot .... 250°
Spinell blau .... 252½°
Spinell schwarz .... 260°
Vesuvian .... 260°
Axinit .... 265°
Wetzstein .... 265°
Sacharit .... 265°
Kesselstein .... 270°
Bimsstein .... 272½°
Großular .... 272½°
Gr. Turmalin .... 272½°
Dichroit .... 275°
Perlstein .... 285°
Grau Cyanit .... 292½°
Porzellanerde .... 292½°
Topas .... 290°
Schw. Turmalin .... 290°
Andalusit .... 290°
Lapislazuli .... 290°
Pinit .... 290°
Amaldin .... 295°
Bolus .... 295°
Korund .... 310°
Rubin .... 312½°
Rubin Ceylon .... 315°
Blauer Corund .... 320°
Saphir .... 322½°
Salamstein .... 325°

Verschiedene Stärke usw.

Weizenstärke .... 95°
Sago .... 95°
Brauner Sago .... 102½°
Arrowroot .... 110°
Kartoffelstärke .... 112½°
Weizenmehl .... 110–112½°
Weizenkleber .... 125°
Kartoffeln ohne Wasser .... 125°
Zichorie .... 125°
Getrocknete Kartoffeln .... 127½°
Kartoffelzucker .... 140°
Kartoffel-Stärkegummi .... 140°
Kartoffel-Kleber .... 150°
Kartoffel-Farbstoff .... 157½°
Isländisch Moos .... 172½°

Verschiedene Pflanzen und deren Teile

Zwiebel vom Keim bis zu den braunen Schalen:
Zwiebelkeim .... 0°
1. Keimhülle .... 22½°
2. Keimhülle .... 45°
3. Keimhülle .... 67½°
4. Keimhülle .... 90°
1. Schale .... 112½°
2. Schale .... 135°
3. Schale .... 157½°

Innere braune Schale .... 225°
Zwei folgende br. Schalen .... 247½°
Äußere braune Schale .... 270°

Mohn
Pistille .... 0°
Fruchtknoten .... 22½°
Innere Blätter .... 45°
Äußere Blütenblätter .... 67½°
Kelch .... 90°
Mohnsaft .... 247½°

Kürbis
Keim .... 0°
Fruchtknoten .... 22½°
Innere Seite der Schale .... 45°
Äußere Seite der Schale .... 67½°
Häutchen um den Kern .... 90°

Lilie
Pistille .... 0°
Fruchtknoten .... 22½°
Innere Blütenblätter .... 45°
Äußere Blütenblätter .... 67½°
Blütenkelch, Zwiebelkern .... 90°
Blätter, Stiel,
7. Zwiebelschale* .... 112½°

6. Zwiebelschale* .... 135°
5. Zwiebelschale* .... 157½°
4. Zwiebelschale* .... 180°
3. Zwiebelschale .... 202½°
2. Zwiebelschale .... 225°
1. Zwiebelschale .... 247½°
Wurzelfasern .... 270°

Die ganze Pflanze baut sich also auf von 0° bis 270° in der Blüte!

Rhythmus 22½°.

* an Spitze und Basis je 22½° weniger.

Roggen
Mutterkorn .... 300°
Wurzelfaser .... 292½°
Strohhalm an der Wurzel .... 275°
Strohknoten .... 265°
Roggenstroh .... 247½°
Roggenähre ohne Körner .... 220°
Roggenkleie .... 210°
Strohumhüllung .... 202½°
Ähren mit Frucht .... 157½°
Kleber .... 135°
Körner allein .... 130°
Roggenmehl .... 120°
Roggenstärke .... 105°

Verschiedene Nahrungsmittel

Erbsenstärke .... 97½°
Erbsen ohne Schale .... 112½°
Erbsen mit Schale .... 122½°
Erbsen-Kleber .... 140°
Gerstenkörner .... 140°
Pflanzeneiweiß .... 135°
Erbsenschale .... 292½°

Süßungsmittel
Kandis .... 100°
Gereinigter Milchzucker .... 100°
Milchzucker .... 112½°
Rübenkandis .... 130°
Honig .... 135°
Rübenzucker .... 135°
Kartoffelzucker .... 140°

Manna .... 145°
Melasse .... 150°
Lakritzensaft .... 155°
Rübensirup .... 160°

Kakaobohnen .... 100°
Tonkabohnen .... 45°
Kakaobohnen mit Schale .... 190°
Kakaobohnen-Schale .... 280°
Sago .... 100°
Reis .... 100°
Gerstengrütze .... 112½°
Hirse .... 125°
Buchweizen .... 127½°
Maisgrieß .... 127½°

Bohnen .... 132½°
Mais .... 135°
Linsen .... 140°
Hafergrütze .... 150°
Leinsamen .... 150°

Kartoffel

Kartoffelblüte .... 110°
Kartoffel geschält
im November .... 115°
Kartoffel unreif geschält
im August .... 135°
Kartoffelblüte mit Kelch .... 140°
Kartoffelblätter .... 185°
Kartoffel ungeschält .... 205°
Kartoffel gefroren
im Januar .... 202½°
Kartoffel krank im Februar .... 225°
Kartoffelschale unreif .... 265°
Wurzelfasern, Schalen .... 290–295°

Mit zunehmender Gradzahl sinkt der Nährwert. Die Gradzahl steigt von Monat zu Monat!

Giftpflanzen

Stechapfel (Datura stramonium)
Pistille .... 0°
Fruchtknoten .... 22½°
Blumenkrone .... 45°
Blütenblätter .... 67½°
Ganze Blüten .... 95°
Kelchblätter .... 112½°
Unterer Blütenteil .... 112½°
Stängel .... 112½°
Stechapfel äußerer Seite .... 260°
Stechapfel innere Seite .... 280°
Stechapfelsamen .... 300°
Stechapfelwurzel .... 280–300°

Verschiedenes

Phosphorsaurer Kalk .... 340°
Schwefelkalium .... 210°
Schwefelnatrium .... 112½°
Schwefelsaurer Kalk .... 270°
Weingeistige Blausäure .... 345°
Salpetersäure .... 310°
Berlinerblau .... 315°
Zyankali .... 310°
Quecksilberjodid .... 305°
Zinnober .... 280°
Salmiak .... 275°
Salpetersaurer Kalk .... 270°
Höllenstein .... 250°
Kohlensaures Ammoniak .... 247½°
Jodoform .... 292½°
Jod-Natrium .... 190°
Chlorgas (womit Mehl gebleicht
wird) .... 357½°
Brom .... 355°
Chlorkalium .... 325°
Chloroform .... 320°
Bromoform .... 317½°
Königswasser .... 305°
Salzsäure .... 300°
Chlornatrium .... 255°

Belladonna (Tollkraut)

Pistille .... 0°
Fruchtknoten .... 22½°
Blütenkrone .... 45°
Kelchblätter .... 135°
Ganze Blüte .... 170°
Kelch allein .... 180°
Blütenstiel .... 225°
Junge Blätter .... 247½°
Blätter an der Wurzel .... 280°
Unreife Kirschen .... 290°
Inneres der Wurzel .... 290°

Digitalis .... 295°
Atropin .... 317½°
Acovitin .... 310°
Bilsenkrautsamen .... 290°
Hirtentäschelsamen .... 270°
Coniin (Schierling) .... 302½°
Schierlingswurzeln .... 292½–305°
Solanin (Nachtschatten) .... 282½°
Coniumpulver .... 265°
Schierlingsblätter .... 270°

Giftsumach Stiel........................292½°
Giftsumach Wurzel...................307½°
Seifenkrautwurzel.........................295°
Seifenkrautrinde........................292½°
Haselwurz....................................275°

Heilpflanzen usw.
Blüten der Schafgarbe...............112½°
Eibischblüten................................120°
Wolfsmilch junger Blätter.........137½°
Wolfsmilch ausgewachsener Blätter.........................160°
Schafgarbenkraut..........................180°
Eibischkraut.................................185°
Milchsaft der Wolfsmilch............225°
Kaiserkronen Wurzeln, Schalen (giftig).........................292½°
Wolfsmilchwurzeln (giftig)..........295°
Eibischwurzeln (giftig)................270°
Schöllkraut, Blätter.......... 162½°–200°
Schöllkraut, Wurzelstiel..............245°
Schöllkraut, innere Wurzel (giftig) 295°
Baldrianwurzel (giftig)................295°
Baldriansäure (giftig)..................280°
Baldrianblätter.....................140–225°
Baldrianblüte..................................90°
Tabaksamen (giftig)....................280°
Nikotin (giftig)............................315°
Tabakblätter.........................225–260°
Tabakblüten.................................100°
Orangenblüten...............................25°
Holunderblüten..............................30°
Arnikablüten..................................50°
Lindenblüten..................................75°
Lavendelblüte................................90°
Schlüsselblume............................115°
Beifußblätter................................115°
Kümmelsamen.............................130°
Dillsamen.................................127½°
Melissenkraut..............................125°
Wermutblüte.............................127½°
Kamillenblüte..............................120°
Mohnsamen.................................150°
Salbeiblätter.............................187½°
Pfefferminzblätter.........................190°
Wermutblätter...........................202½°
Quassiaholz..................................175°
Fenchelsamen...........................157½°
Leinsamen.................................152½°
Weißer Senf.................................145°
Schwarzer Senf.........................167½°
Morcheln...................................157½°
Isländisch Moos........................172½°
Rauteblätter..................................180°
Sennesblätter............................187½°
Zittwersamen............................187½°
Eicheln...200°
Calendulablätter...........................200°
Hirtentäschelkraut........................200°
Saudistelblätter.............................195°
Pulsatilla.......................................225°
Galläpfel.......................................230°
Nux vomica..................................225°
Fliegenpilz-Strunk (giftig).........247½°
Fliegenpilz-Lamellen (giftig).......270°
Kokkelskörner (giftig).................270°
Lupulin (giftig)............................270°

Negative Heilmittel, Wurzeln
Innere Iriswurzel..........................92½°
Mohrrübe.....................................135°
Mohrrübe, innere Wurzel..........157½°
Süßholz..135°
Sellerie-Dolde..............................135°
Rettich......................................202½°
Meerrettich...................................210°
Rhabarberwurzel..........................225°
Sellerie äußere Wurzel................225°
Chinarinde...................................265°
Enzianwurzel...............................285°
Arnikawurzel............................292½°
Veilchenwurzel..........................292½°
Baldrianwurzel.............................295°
Nieswurz..................................297½°

Blüten
Apfelblüte....................................105°
Erika..115°

Primel .... 115°
Ringelblume .... 130°
Fingerhut .... 135°
Stechapfel (giftig) .... 140°
Kartoffel (giftig) .... 140°
Eisenhut (giftig) .... 160°
Centifolie (giftig) .... 22½°
Nelke .... 35°
Heliotrop .... 37½°
Monatsrose .... 37½°
Narzisse .... 42½°
Alpenveilchen .... 42½°
Veilchen .... 45°
Levkoje .... 50°
Goldlack .... 57½°
Reseda .... 60°
Jasmin .... 67½°
Hyazinthe .... 65°
Lavendel .... 67½°
Geranie .... 75°
Maiglöckchen .... 77½°
Syringe .... 82½°
Aurikel .... 100°
Kirsche, Aprikose .... 105°

Tinkturen

Arnikablüten .... 150°
Kamille .... 157½°
Schafgarbe .... 160°
Krokus .... 170°
Hanf .... 170°
Anis .... 185°
Pfefferminz .... 190°
Pulsatilla .... 225°
Bryonia .... 230°
Euphrasia .... 240°
Aconit .... 255°
Senega .... 270°
Kirschlorbeer .... 295°
Stramonium .... 300°
Nux vomica .... 315°
Belladonna .... 317½°
Fliegenpilz .... 312½°

Kaffee, Tee und Gewürze

Muskatblüte .... 40°
Vanille .... 45°
Zimtblüte .... 55°
Zimt .... 67½°
Muskatnuss .... 75°
Gewürznelke .... 87½°
Kassiazimt .... 92½°
Koriander .... 92½°
Piment .... 157½°
Lorbeeren .... 170°
Ingwer .... 210°
Pfeffer .... 230–250°
Paprika .... 260°
Tee, schwarz .... 105–112½°
Tee, grün .... 157½°
Kaffee Mokka .... 135°
Kaffee Cheribon .... 140°
Kaffee Java .... 147½°
Kaffee Santos .... 157½°
Kaffee gebrannt .... 180°

Balsam

Peru .... 50°
Storax .... 67½°
Copaiva .... 90°
Tolu .... 95°
Canada .... 105°
Kampfer .... 130°
Gummi-Traganth .... 145°
Ven. Terpentin .... 160°
Kautschuk .... 165°
Gutta Percha .... 167½°
Gummigutt .... 185°
Myrrhe .... 202½°
Wachs .... 210°
Weihrauch .... 215°
Benzoë .... 220°
Drachenblut .... 225°
Aloehepatica .... 240°
Fichtenharz .... 240°
Bernstein .... 245°
Opium .... 257½°
Schellack .... 260°

Mastix....265°
Dammarharz....267½°
Copal....267½°
Ammoniakgummi....270°
Euphorbium....275°

Öle

Rosenöl....0°
Orangenblütenöl....22½°
Zimtöl....25°
Muskatnussöl....45°
Jasminöl....60°
Zitronenöl....67½°
Lorbeeröl äth. ....75°
Kümmelöl äth. ....77½°
Bergamottöl....80°
Kampferöl....90°
Patschuli....92½°
Levendelöl....97½°
Nelkenöl....97½°
Mandelöl....107½°
Kalmusöl....102½°
Anisöl....107½°
Pfefferminzöl....115°
Mohnöl....112½°
Olivenöl....115°
Wacholderöl....130°
Lorbeerbutter....130°
Rizinusöl....135°
Leinöl....135°
Fenchelöl....135°
Pfefferöl....140°
Terpentinöl....140°
Muskatbutter....140°
Bitteres Mandelöl....150°
Rübenöl....157½°
Kakaobutter....160°
Baldrianöl....170°
Knoblauchöl....175°
Wermutöl....185°
Senföl....215°
Fuselöl....225°
Blausäurehaltiges
Bittermandelöl....247½°

Weine, Spirituosen

Muscat Lunel....125°
Bordeaux rot....130–140°
Bordeaux weiß....140–150°
Rheinwein....150–165°
Moselwein....160°
Ungarischer Wein....167½–187½°
Malaga....175°
Madeira....185°
Forster....185°
Apfelwein....195–205°
Roter Landwein....195–205°
Rum....207½°
Arrak....220°
Kognak....240°
Kartoffelsprit....245–252½°
Weingeist....275°
Alkohol....280°

Milch

Ziegenmilch morgens....95°
Ziegenmilch abends....112½°
Morgenmilch im Juli....100°
Mittagmilch im Juli....112½°
Morgenmilch
- nach 8 Stunden....145°
- nach 30 Stunden....157½°
- nach 48 Stunden....190°
Süße Sahne....120°
Frische Butter....135°
Saure Sahne....157½°
Ziegenkäsestoff....170°
Kuhkäsestoff....175°
Buttermilch....180°
Quark....190°
Holländischer Käse....247½°
Buttersäure....267½°
Milchsäure....280°

Einfluss der Körperstellung des Experimentierenden

0°

Absolut positive Körper		Absolut negative Körper	
N-S	↕	N-S	↔
S-N	↔	S-N	○
O-W	⤢	O-W	○
W-O	⤡	W-O	○

90° 270°

Absolut negative Körper		Absolut negative Körper und eine kleine Zahl absolut positive Körper	
N-S	↔	N-S	↔
S-N	↕	S-N	↕
O-W	⤡	O-W	○
W-O	⤢	W-O	○

180°

Diese Wirkung ist durch Willenseinstellung zu überwinden! Mit gleichem Recht kann gefordert werden, dass der Pendler sich der Sonne zuwende oder abwende, dasselbe gilt für das Mondlicht! Auch die daraus entspringenden Veränderungen in der Pendelrichtung sind durch Willensimpulse zu überwinden. Der geübte Pendler schaltet sie nach kurzer Zeit von selbst aus. Ob dadurch mehr Kraft verbraucht wird? Die Wahrscheinlichkeit ist begründet im eigenen Befinden, doch ist die genaue Bestimmung noch nicht möglich. Der Vorteil der Abschaltung der Einflüsse ist jedenfalls größer! Das frische Quellwasser verändert die Pendelbewegungen nach dem Stand der Sonne. Beim Aufgang ↔ und mittags ↕. Nachmittags ist die Mitte der Quelle latent, dann bilden sich folgende Figuren:

Das dreht sich weiter mit der Sonne bis Sonnenuntergang, dann kommt wieder der O-W-Strich. So lassen sich bei vielen Naturstoffen Veränderungen in der Richtung feststellen, die dem Sonnenlauf angepasst sind.
Außerhalb des Sonnenscheins, also in den Nachtstunden, wirkt der Magnetismus der Erde ablenkend!
Die Antriebskräfte werden ebenfalls durch die Sonnenscheindauer beeinflusst, sie sind im Sommer stärker als im Winter! Das gilt für alle Lebewesen.
Und es muss bei allen Krankheitspendelungen, bei Feststellung der vorhandenen Lebenskraft berücksichtigt werden. Niemals sind die erhaltenen Ausschläge nach Zahl und Kraft in einer Folge von Tagen gleich! Wie wir die größte Hitze erst im August, die größte Kälte erst im Februar haben, findet das Höchstmaß der Kraft im Juli/August, das Mindestmaß im Januar/Februar statt.
Am Tag findet ein ähnlicher Vorgang statt, am Mittag mehr als um Mitternacht. Der Pendel beweist demnach die Kraftspende der Sonnenbestrahlung.

Die Metalle haben neben den Graden auch Charakterlinien.

Gold	pendelt einen Kreis
Silber	pendelt eine Ellipse
Kupfer	pendelt einen Kreis

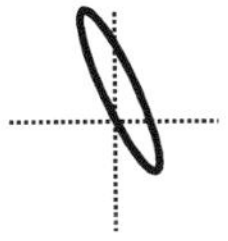	Eisen	= pendelt links schräge Ellipse, links verlagert
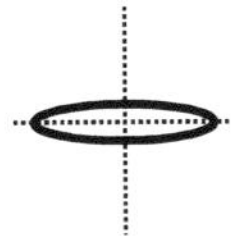	Messing	= pendelt Ellipse
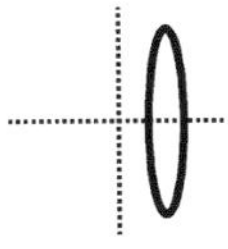	Zinn	= pendelt rechts verlagerte Ellipse
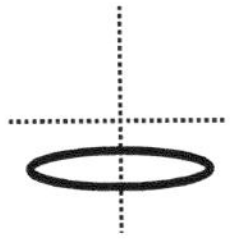	Aluminium	= pendelt nach unten verlagerte liegende Ellipse

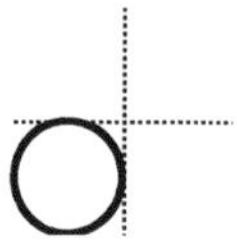	Zink	= pendelt nach links unten verlagerten Kreis
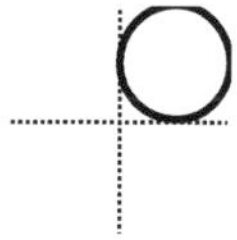	Nickel	= pendelt nach rechts oben verlagerten Kreis
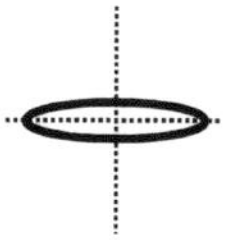	Wolfram	= pendelt Ellipse
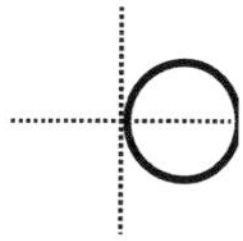	Molybdän	= pendelt nach rechts verlagerten Kreis
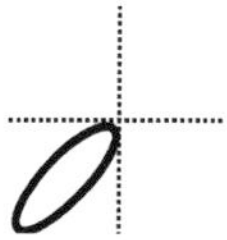	Silizium	= pendelt Ellipse links unten
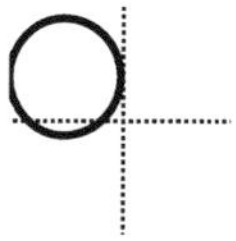	Platin	= pendelt links gelagerten Kreis
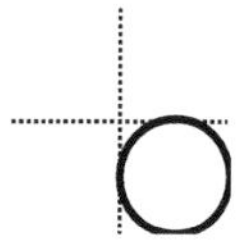	Vanadium	= pendelt rechts unten gelagerten Kreis
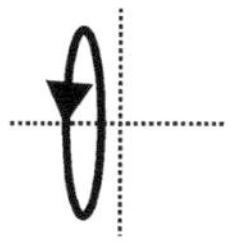	Blei	= pendelt links verlagerte Ellipse

Hieraus folgt, dass bei jedem Menschen die Metalle entweder gut oder nachteilig wirken! Ich stehe (beispielsweise) mit Eisen und Wolfram in gutem Verhältnis, dagegen ist Messing und Silizium abträglich. Gold und Silber dürften

überall günstig sein, ob aber Platin auch, das bei mir gut pendelt, ist schon zweifelhaft.
Es gibt Personen, denen Eisen nachteilig ist. Diese schneiden sich, verlieren Schlüssel, verstehen sich nicht mit Maschinen. Sie können eiserne Gegenstände nicht festhalten, sondern lassen sie fallen – kurz, sie gelten als ungeschickt, tollpatschig, es liegt aber nur an der fehlenden Harmonie!
Die übliche astrologische Zuteilung ist nicht immer zutreffend. Mir steht astrologisch Messing zu, taugt aber nicht!

Die Edelsteine

In der Apotheke des Mittelalters und des Altertums befanden sich auch Edelsteine. Äußerlich zum „Anhängen" oder zerstoßen als Medikament eingenommen wurden sie von Ärzten verordnet. Das setzt eine Kraft voraus, die dem Heilprozess dienstbar gemacht werden sollte. Die heilende Wirkung des „Anhängens" oder Auflegens setzt die Kenntnis einer Ausstrahlung voraus. Beim Magnetstein war diese am leichtesten wahrnehmbar.
Der Pendel muss diese Ausstrahlung verdeutlichen können und er enttäuscht das in ihn gesetzte Vertrauen nicht.
Der Technik ist es gelungen, synthetische Edelsteine herzustellen. Was die chemische Analyse als Bestandteile eines Edelsteins ausgewiesen hat, wird in den gleichen Mengen gemischt und in einem elektrischen Ofen geschmolzen. Die Masse erstarrt und ein Edelstein ist fertig, je Ofen und Stunde etwa zehn Karat. Zwölf Öfen kann ein Arbeiter „bedienen". Die synthetischen Edelsteine entsprechen nicht nur in der Farbe, sondern auch im Härtegrad und spezifischen Gewicht den gewachsenen Steinen. In einer Stunde oder weniger wird die Arbeit geleistet, zu der die Natur Hunderttausende Jahre braucht. Allerdings haben die natürlichen Edelsteine alle Kennzeichen von Kristallen, welche den synthetischen fehlen, aber in geschliffenem Zustand ist davon nichts zu merken. Besonders die Korundgruppe ist herrlich schön im elektrischen Ofen bei 2.000 Grad Hitze nachzuahmen. Dazu zählen Rubine und Saphire. „Sobald Steine vorliegen, deren chemische Zusammensetzung identisch mit derjenigen der Naturprodukte ist, verlieren chemisch-analytische und optische Methoden ebenso wie die Bestimmung des spezifischen Gewichtes, der Härte und anderer Eigenschaften ihren Wert. Genauer gesagt: Eine Unterscheidung ist in manchen Fällen vielleicht möglich, in vielen Fällen aber nicht. Und zwar gerade dann nicht, wenn es sich um besonders reine Edelsteine handelt" (Dr. Bugge, Edelstein usw. S. 41).
Auch andere, z. B. mikroskopische Methoden, versagen und die ersten Pariser Juweliere haben einen synthetischen Rubin auf Grund der angeblich beobachteten „Seide" als echten Rubin taxiert auf einen Wert von etwa 10,000 Frs. Es sollen die synthetischen Steine als Bitterfelder Fabrikat nach Ceylon gehen und

als Ceylon-Rubine die Rückreise antreten! „Es gibt keine Methode der Unterscheidung!“ (Dr. Bugge)
Jawohl, es gibt eine: Der Pendel stellt mit großer Genauigkeit den Unterschied fest! Der echte Stein hat eine den Pendel in Bewegung setzende psychische Ausstrahlung, der synthetische ist tot, der Pendel bleibt stehen Er hat keine Schutz- und Trutzwirkung, keine Heilkraft; er *kristallisiert nicht*. Und im Kristall wirkt eine lebendige Kraft.
Nimm einen synthetischen Rubin (für 4–5 Mark erhältlich) und verlange die „Farbe“: Er pendelt sofort die Linie der roten Farbe. Verlange die Gradausschläge der Grundstoffe Aluminiumoxid und Chromoxid, sie erfolgen. Verlange aber die Ausstrahlung des Steines – „vergeblich rufest du die Götter“! Nur Eitelkeit kann befriedigt werden: Der künstliche Rubin schmückt.

Die Monatssteine

Für jeden Monat dem Sonneneinfluss entsprechend einen anderen Edelstein zu tragen oder den Edelstein seines Geburtsmonats als Talisman zu benutzen, ist eine alte gute Sitte, die neuerdings[21] wieder auflebt.
Die Astrologie ist es, die zur Wahl der Steine geführt hat, wie sie auch die Monatszeichen geliefert hat, die jeden Kalender zieren. Da aber die Reise der Sonne durch die 12 Orte des Himmels nicht mit unseren Monaten genau zusammenfällt, so ist die mechanische Gleichsetzung von Sonnenlauf und Monat ein Scherz des alten 100jährigen Kalenders danach richten wir uns doch nicht mehr![22] Genau ist folgende Liste, entnommen Glahns astrologischem Uranus-Kalender[23]:

	Sonnen-zeichen	**Monatsstein**	**Andere Vorschläge**	
23.12.–20.01.	Steinbock	Onyx, Chalzedon	Hyazinth	Granatarten
21.01.–19.02.	Wasser-mann	Himmelblauer Saphir	Amethyst	Amethyst
20.02.–21.03.	Fische	Heller Chrysolith	Heliotrop	Jaspis
22.03.–20.04.	Widder	Amethyst	Saphir	Saphir
21.04.–21.05.	Stier	Achat	Smaragd	Smaragd

[21] Dieses Buch wurde in den 30er Jahren des vorigen Jahrhunderts geschrieben. Trotzdem sind das Wissen um die Wirkung der Edelsteine und ihr Einsatz in der Therapie erst jetzt wieder aktuell geworden. Es gibt jede Menge Fachbücher dazu. (rs)

[22] Den Hundertjährigen Kalender in der jetzigen Zeit wieder zu verwenden, ist modern geworden. (rs)

[23] Heute sind allgemein etwas andere Definitionen zu den Sternzeichenperioden gültig. Auch die Edelsteine werden zum Teil anders zugeordnet. (rs)

22.05.–21.06.	Zwillinge	Beryll, Bergkristall	Chalzedon	Chrysopras
22.06.–23.07.	Krebs	Smaragd	Karneol	Rubin
24.07.–23.08.	Löwe	Rubin	Onyx	Sardonyx
24.08.–23.09.	Jungfrau	Jaspis, Blutstein	Chrysolith	Saphir
24.09.–23.10.	Waage	Diamant	Aquamarin	Opal
24.10.–22.11.	Skorpion	Dunkler Topas	Topas	Goldtopas
23.11.–22.12.	Schütze	Karfunkel	Chrysopras	Türkis

Die Unterschiedlichkeit der Vorschläge ist eigentlich bedenklich. Richtig wäre die Wahl der astrologisch begründeten Edelsteine. Am unrichtigsten ist ein Vorschlag, der unsere Aufmerksamkeit einen Augenblick beschäftigen soll. Insbesondere Monatssteine „sind ein Geschäft“, es muss „nur richtig betrieben werden“. Folglich lässt man sich einen Namen gesetzlich schützen („patentamtlich geschützt“). Dieser wird auf jede Fassung eines Steines geprägt, alles andere ist „Nachahmung“. Wir haben die Nachahmungen der echten Edelsteine kennen gelernt. Wenn nun patentamtlich geschützte Fabrikate nachgeahmt werden können, so ist in diesem Fall das Original-Fabrikat sehr wahrscheinlich selbst eine Nachahmung der echten Steine. Darum geht man in den Laden und fragt harmlos: „Woraus sind eigentlich die Monatssteine gemacht?“ – „O, das ist – Glasfluss[24]!“

So, nun wissen wir, was uns Glück bringen soll ... Glück und Glas, wie leicht bricht das! Aber die Ankündigung („Nachahmung von Form oder Inhalt, auch auszugsweise, wird gerichtlich bedroht.“) spricht von Edelsteinen. Und jeder

---

[24] „Glasfluss, mit Metalloxiden gefärbtes, meist undurchsichtiges, bleihaltiges Glas, das seit der Antike zur Nachahmung edler Steine Verwendung findet.
Alte Bezeichnung für Steine aus Glasfluss sind Amansa und Amause. Manchmal wird Glasfluss auch als Glaspaste bezeichnet, von englisch *paste*, entsprechend dazu nennt man die daraus gefertigten Steinnachahmungen auch Glaspastensteine. Für die Herstellung künstlicher Edelstein wurde pulverisiertes bleihaltiges Glas mit Wismut und Thallium vermengt und das geschmolzene Material, der Glasfluss, durch Einbringen in Modeln geformt und anschließend geschliffen. Die frühen Glasflüsse wurden meist zum Schneiden von Gemmen und Kameen verwendet. Im 18./19. Jh. erfreuten sich die aus Glasfluss bestehenden Steinimitationen und der damit hergestellte Schmuck vor allem in Frankreich großer Beliebtheit. Aus Glasfluss hergestellte Edelsteine und Schmucksteine werden auch Similisteine genannt. Für Diamantimitationen ist die Bezeichnung Strass gebräuchlich. Das Formen der Glaspastensteine erfolgte früher, wie bei den Druckperlen, mittels Formeisenzangen. (Künstlich erzeugte Edelsteine, deren chemische und physikalische Eigenschaften sich kaum von echten Steinen unterscheiden, heißen „synthetische Steine“.)“
Zitiert nach: http://www.beyars.com/kunstlexikon/lexikon_3489.html. (rs)

Harmlose geht hin und kauft entsprechend dem Preis der echten Steine für Glasflüsse, die gänzlich wirkungslos sind.
Wer den Pendel zu Rate zieht, fällt nicht auf solche Geschäftskniffe herein. Es sollte an einem ganz neuen Beispiel gezeigt werden, wie notwendig und nützlich ein Pendel ist, der bequem in der Westentasche seinen Platz findet.

Gradtabelle der Edelsteine

Diamant	5°
Grüner Serpentin	140°
Verde antico	165°
Carrarischer Marmor	220°
Labrador	247½°
Chrysolith	247½°
Spinell, roter	250°
Böhmischer Granat	250°
Zahn-Türkis	252½°
Spinell, blauer	252½°
Spinell, schwarzer	260°
Opal	260°
Kanelgranat	265°
Bergkristall	267½°
Amazonenstein	267½°
Chalcedon	270°
Grosaular	272½°
Chrysopras	275°
Achat	275°
Karneol	277½°
Heliotrop	280°
Amethyst	280–300°
Onyx	280°
Malachit	285°
Beryll	290°
Topas	290°
Lasurstein	290°
Almandin	295°
Ägyptischer Jaspis	295°
Rauchtopas	297½°
Aquamarin	300°
Smaragd	302½°
Hyazinth	305°
Chrysoberyll	305°
Korund	310°
Rubin	312½°
Ceylon-Rubin	315°
Türkis	315°
Dunkelroter Hyazinth	315°
Korund, blauer	320°
Saphir	322½°
Salamstein	325°

Zur Edelsteinkunst

Echte und unechte Perlen unterscheiden sich nach Kurt Herrnsdorf in Dresden durch die Richtung und Weite der Pendelkreise. Der Pendel schlägt über der echten Perle ganz enge, linksgedrehte Kreise, über der unechten hingegen weite rechtsgedrehte. Demzufolge sind echte Perlen positiv, unechte negativ und da ist nun die Frage, welche Polarisierung am meisten zu Tränen Veranlassung gibt.

Männliche und weibliche Steine

Der russische Forscher Dr. Manoilow behauptet, er habe auf radioaktivem Weg die Spaltung in zwei Geschlechter auch bei allen Mineralien entdeckt. „Ich stellte fest, dass dasselbe Mineral, das dieselben chemischen Eigenschaften besitzt, zwei verschiedene Kristallformen aufweist, nämlich würfelförmige und oktogonale.

Ich fand daraufhin bei 11 verschiedenen Gesteinsarten, dass die würfelförmigen Kristalle eine durchaus männliche Reaktion gaben, während ich bei den oktogonalen Kristallen eine typisch weibliche Reaktion feststellte.“ Dr. Manoilow nimmt an, es sei das männliche und weibliche Prinzip in allen Schöpfungen vom Stein bis zum Menschen vorhanden, was ja mit der Überzeugung von Mystikern übereinstimmt.

Veränderliche Farbe

Dr. Holub in Prag hat einen Stein, der mit dem wechselnden Licht seine Farbe verändert. Der Stein ist wie ein Diamant geschliffen, bei dem Licht elektrischer Lampen erscheint er orangefarbig, im Sonnenlicht schwarz durchsichtig, bei Erwärmung wird er hingegen rot. Er hat diesen Stein von einem Minenarbeiter in einer Rubinmine in Zentralaustralien zum Geschenk erhalten. Als Schmuckstein ist er unbrauchbar, weil er an jeder Hautstelle, die er berührt, eine Entzündung hervorruft, die sich in einem roten Fleck äußert. Das hat zur Annahme geführt, der Stein sende noch unbekannte Strahlen aus.

Natur der Kristalle

Nur Kristalle gelten als Edelgestein. Kristalle sind jedoch als lebende Organismen erkannt. Sie stehen zwischen unkristallinischem Urgestein und dem Pflanzenreich mit eigenem Leben. Ihr Verhalten ist auch ähnlich dem organischer Lebewesen. Sie sind polarisiert wie Mensch und Tier, also haben sie einen Nord- und Südpol, eine positive und eine negative Seite, was bereits Professor Bähr im Dynamischen Kreis mitgeteilt hat. Sie sind Krankheiten unterworfen und, wie mir *A. Huster* in Hamburg mitteilte, sind sie empfänglich für planetarische Vorgänge. *Huster* hat Mondsteine und einen Beryll fortlaufend mit dem Pendel untersucht und den Einfluss des abnehmenden und zunehmenden Mondes in der Kraft und Zahl der wechselnden Ausschläge erkannt. Sie wachsen auch, wie es der Volksmund im Harzer Spruch ausdrückt: Es grüne die Tanne, es *wachse* das Erz ...
A. Huster warnt auch Personen mit rückläufigen Planeten im Horoskop, Steine zu tragen, die unter dem Einfluss der rückläufigen Planeten stehen. Vielleicht ist diese Warnung auszudehnen: Sobald ein Planet rückläufig wird, sind die von ihm beeinflussten Steine abzulegen.
Der Wiener Physiker Professor *Karl Przibram* am Institut für Radiumforschung hat bemerkt, dass die Kristalle im Stande sind, abgebrochene Teile zu ersetzen und Verletzungen auszuheilen. Steinsalzkristalle wurden gepresst und mit Radium bestrahlt, worauf sie eine dunkel-grüngelbe Färbung annahmen. Diese Farbe ist auf eine Störung des Kristallgitters zurückzuführen, die Struktur wird zerstört, die helle Farbe geht verloren. Nach einiger Zeit treten zunehmend hellere gelbe Streifen auf, bis schließlich die Naturfarbe wieder hergestellt ist. Durch Spaltversuche wurde der Beweis der Heilung geführt, die geheilten Kristalle zeigten an den Spaltflächen glatte Spiegel, während zerstörte Stellen faserig und schuppig

sind. Die Heilung erfolgt ziemlich schnell, sie beträgt 0,1 Millimeter je Tag. Der stärkste Druck veranlasst die schnellste Heilung. „Die Kristalle sind also keine starren und leblosen Körper, sondern in ihrem Inneren spielen sich dauernd zweckmäßige und zielstrebige Vorgänge ab, die durchaus mit den allen Lebendigen zugrunde liegenden Gesetzen übereinstimmen."

Geschichte und Erfahrung legen den Edelsteinen aktive Taten bei. Wir kennen die Unglücksteine, die jeden Besitzer ins Unglück führen, sein Leben durch Unfall beenden. Geht es auch nicht immer ans Leben, so doch ans Glück! Ein wunderschöner Opal wurde von meinem Pendel als ein boshaftes Wesen erkannt. Ich riet dem Besitzer, den Stein in den Bodensee zu werfen, andernfalls würde seine Ehe unglücklich enden. Er behielt den Stein und verlor Frau und Glück, beide zogen sich von ihm zurück. Dann hat er den Stein beseitigt.

Zur Feststellung des Charakters der Edelsteine ist der Pendel untrüglich! Er schildert den Stein im Charakter wie einen Menschen! Ob er gut für eine Person ist oder schädlich, wird durch Kreis oder Trennstrich sofort zum Ausdruck gebracht.

Bergkristall ist das Symbol dauernden Lebens, neben Milchquarz. Deshalb pflegten die alten Germanen diese Steine mit den Leichen ins Grab zu legen. Dieser deutsche Edelstein, der auch im Grabe Childerichs gefunden wurde und den der Rhein als Kiesel führt, ist das ewige Licht des Toten, das Amulett und Unterpfand seiner Auferstehung, wie Professor Mone (Volksreligionen II/160) berichtet. Es ist der edle Feuerstein oder Flint, worin das Lebenslicht verborgen ist, wie im Aschenkrug die Auferstehung.[25] Diese germanische Vorstellung hat sich, wie vieles andere auch, in die christliche Kirche eingeschlichen, sie tritt zu Tage im Gebet: „Das ewige Licht leuchte ihnen." Sinnbild des ewigen Lichtes ist auch die Ewige Lampe und dazu zählt auch der Brauch, Lichtkerzen auf den Gräbern anzuzünden. Bergkristall hat daher religiöse Bedeutung.

Planeteneinflüsse

Angesichts der Verwirrung in der Zuteilung ist es für uns belanglos, diese zu wissen, da der Pendel für uns die entscheidende Auskunft gibt. Es ist abwegig anzunehmen, mit einem Stein sei alles getan. Ist der Mensch schon grundsätzlich in Körper, Seele und Geist zu unterscheiden, so haben außerdem alle Planeten Einfluss auf ihn. Die Steine wirken verschieden ein, sie wirken auch verschieden in den Lebensperioden. Ich trage meist 12 Steine bei mir, nicht als Schmucksteine, sondern in einem Beutel in der Tasche. Auch sagt der Name nicht mehr wie beim Menschen. Ob der Stein gut oder schlecht ist, erkennt erst der Pendel!

[25] Mit Aschenkrug ist die Urne bei der Bestattung gemeint. (rs)

Behandlung der Steine

Edelsteine sind wie lebende Wesen empfindlich gegen Temperatur- und Wärmeunterschiede. Monatelang müssen sie nach und nach ans Licht gewöhnt werden, wenn sie aus dem Dunkel der Bergwerke gebrochen sind. Sie können bei Kälte zerspringen, sie können in Folge schlechter Behandlung ihre Klarheit verlieren und trüben, sie nehmen auch Eigenschaften ihrer Besitzer an, auf die sie selbst auch einwirken. Denn Edelsteine *strahlen* und was strahlt, lebt nicht nur, sondern ist auch eine Sendestation für ganz kurze Wellen! Ebenso ist jedes Lebewesen Empfänger!

Edelsteine als Amulette

Als Schutzkräfte sind sie uralt in der Anwendung. Gräberfunde liefern dafür Beweise. Oft werden sie in besondere Fassungen gebracht, es kommen magische Zeichen hinzu. Dieses Sondergebiet ist im VI. Band der Pendelbücherei ausführlich behandelt worden. Jedenfalls ist es so: Edelsteine wirken gemäß ihrer natürlichen Kraft, ohne Suggestionswirkung oder sonstige Magie. Das Brustschild des Hohepriesters im Salomonischen Tempel ist auch ein Amulett, beruhend auf den Kräften der Edelsteine, ferner der „Fischerring“ des Papstes, die Bischofsringe u. a. m.

Charakterlinien der Edelsteine

Diese Linien sind schwer festzulegen, da jeder Stein derselben Sorte bald eine andere Art hat, unterschiedlich wie die Menschen!
Am meisten ist beim Auspendeln von ungeschliffenen Steinen zu lernen, da diese die verschiedenen Charaktere am besten zeigen.
Die geschliffenen Achate z. B. sind sehr oft nachgefärbt, um sie prächtiger zu machen. Andere Steine werden erhitzt, um die Farbe zu verändern: Alles das beeinflusst die Ausstrahlung!
Ich lege z. B. zwei Stufen Amethyste nebeneinander, beide zeigen an der dunkleren Spitze deutlich die Kristallform und sattere Farbe. Die Längspole sind verschieden. Bei der größeren Stufe ist der Muttergrund hässlich ablehnend. Das habe ich schon mehrfach beobachtet, habe die Steine spalten lassen in eine gute und eine schlechte Hälfte. Sofort ändert sich das Bild an den Polausstrahlungen! Beide Stufen zeigen unterschiedlichen Charakter, sie haben keine einheitliche Kennlinie!
Nun will ich meine Leser nicht mit einer Erzählung amüsieren, meine Steine wären verzaubert, von Medien besessen usw. und damit das Fehlen von Charakterlinien zu entschuldigen, sondern ich erkläre die Unmöglichkeit. Beim Menschen sind nur die Geschlechtslinien einheitlich gegeben in Kreis und Ellipse, diese erhalte ich neben dem Querstrich auch bei meinen Steinen, das besagt lediglich: Der Stein ist positiv oder negativ, in beiden Fällen ein Amethyst! Oder

ein Achat! Oder Opal! Opal! Ich habe einen, der sehr günstig zu mir steht, nachdem ich den größeren schlechteren Teil rücksichtslos abgehauen habe. Und als ich eben meine persönlichen Steine durchpendele, wollen sie alle von mir nichts wissen, mit Ausnahme des wundervollen Kreuzsteines, den ich bei der Edelsteinschleiferei *E. Dreher, Hamburg, Alter Steinweg 58*, gefunden habe. Dieser Kreuzstein hat seine Gunst noch nie versagt, wer ihn sieht glaubt nicht, einen echten Naturstein zu sehen. Dabei läuft der Mond durch mein V. Horoskophaus in gutem Aspekt zum Geburtsgebieter, Mars, Saturn, Uranus, Neptun. Selbst mein Edeltopas, der sonst durch lebhafteste Einkreisungen auffällt, ist verschnupft.
Daran ist zu sehen, was für „launische Wesen" Edelsteine sind. Für diese gibt es keine einheitliche Charakterlinie.
Zur genauen Bestimmung der Art dient die Gradtabelle.

Pflanzen

Ich kaufte mir einen Ableger von Opuntia microdasys[26], bestehend aus einem Gliedblatt. Nachdem sich die Pflanze an den neuen Ort gewöhnt hatte, gestaltete sie vier neue Glieder, davon entwickelten sich zwei gut, während die beiden anderen zurückblieben. Dafür setzten die beiden gut entwickelten Glieder je ein neues Glied an. Als diese dritte Generation die Größe der zurückgebliebenen zweiten erreicht hatte, beschloss die Pflanze eine neue Taktik: Sie sandte aus dem Grund zwei neue Triebe heraus, die sich mit außerordentlicher Energie innerhalb von drei Wochen zu neuen Gliedern entwickelten. Währenddessen hatte das Wachstum der vorherigen Generationen aufgehört, das nun wieder aufgenommen wurde.
Die Pflanze steht mit dem Gesicht nach Osten. Man sollte meinen, alle Glieder würden auch die Sonnenrichtung annehmen, doch die Pflanze verfügte anders. Die zweite Generation stellte sich im Kreuz auf, die beiden stark entwickelten Glieder haben die Richtung SO nach NW erhalten. Im rechten Winkel dazu stehen die beiden anderen weniger ausgewachsenen Glieder, von denen das nach Westen stehende, also im Schatten wachsende, sich am stärksten entwickelt hat. Die Opuntien sind stark sonnenlichtbedürftig, warum diese Abwendung von der Sonne? Warum legen sich die Blätter der neuen Generation nach hinten über, statt nach der Sonne wie die Seeigelkakteen?
Dasselbe beobachte ich bei einem Peitschenkaktus, der seinen oberen Trieb rückwärts neigt, statt nach vorn!
Verständlicher ist eine Opuntia leucotricha, die sich etwas krümmt, um wie ein Löffel recht viel von der Sonnenwärme einzuziehen. Die breite Form der Glieder begünstigt das, die schlanke Cereenform[27] des Peitschenkaktus kann diesen

[26] Opuntie (griech.) = Feigenkaktus. (rs)
[27] Cereen sind Säulenkakteen, die eine Höhe von 15–22 m erreichen können. (rs)

Vorteil nicht geltend machen. Wenn sich eine Pflanze dem Licht zuwendet, etwa wie die tafelförmige Succulente Sempervivum[28], so ist dafür eine natürliche Erklärung vorhanden. Man kann mit Lakhovsky dafür die Radiation annehmen, aber das kann man nicht bei ausgesprochen lichtbedürftigen Pflanzen, die sich in anderer Richtung aufbauen.

Offenbar hat jede Pflanze einen zuständigen Baumeister in ihrem Betrieb, dessen technische Schreibstube sich im Wurzelhals befindet. Vom Keim im Samen aus wirkt die Bauleitung.

Schwieriger wird die Frage, wenn durch Stecklinge vermehrt wird. Bei einem Epiphyllum truncatum[29] ist auf dem Transport ein Blattglied in der Mitte durch- und abgebrochen. Ich stecke es an den Rand des Topfes und nach wenigen Wochen melden neue Austriebe, dass eine Bewurzelung stattgefunden hat. Die Ausbildung der neuen Pflanze geht mit erstaunlicher Schnelligkeit vor sich. Innerhalb von etwa zwei Monaten zähle ich 8 neue Blatttriebe, wobei die ersten schon weiter ausgetrieben haben. Wo sitzt hier die Bauleitung? Innerhalb eines jeden Blattgliedes? Oder sind es die Verwaltungsposten, die sich selbständig machen, wenn die Verbindung mit der Mutterpflanze unterbrochen wird? Warum ist dieses System nicht in allen Pflanzen vorhanden? Man kann von Sempervivum (auch Ewigleben genannt) jedes Blatt abbrechen und in die Erde stecken, es wird eine neue Pflanze. Und es gibt eine Unzahl Pflanzen anderer Art, die jedes derartigen Versuches spotten! Es tauchen da viele Fragen auf, z. B. nach der Bereitung des Duftstoffes und der seltsamen Verschiedenheiten in den Duftstoffen! Warum hat die mit höllischen Farben prunkende Blume der Stapelie[30] einen so scheußlich höllischen Aasgeruch? Weil jeder Geruch anziehend auf bestimmte Arten von Insekten wirkt. Es ist begreiflich, wenn fleischfressende Pflanzen einen schlechten Fäulnisgeruch haben, weil dieser bestimmte Insekten anzieht, welche die Pflanze festhält und verspeist. Aber warum riecht die Rose anders als das Veilchen und die Lilie oder Nelke?

Dem Pflanzenarzt erwachsen da schöne Aufgaben, für die der Pendel ein geeignetes Instrument ist. So gibt es Verbindungen zwischen Blumendüften und Charaktertypen bei den Menschen, ähnlich wiederum mit den angezogenen Insekten, so dass eine Brücke zwischen Mensch und Insekt gebildet wird.

Ich bin zur Annahme gekommen, dass viel mehr Verwandtschaft unter allen Lebewesen vorhanden ist, als die Wissenschaft bisher annimmt. Vergleichbar einem giftigen Insekt, einer stark duftenden Blumen, die ein Dirnenparfüm liefert, bis zur Dirne selber.

Die Astrologie kennt ja bereits eine Einteilung von Pflanzen, wonach diese den einzelnen Planeten unterstellt sind. Diese Einteilung ist unbedingt verbesserungs-

---

28 Sempervivum, auch Hauswurz genannt, gehört zu der Familie der Dickblattgewächse. (rs)

29 Epiphyllum truncatum ist der Weihnachtskaktus. (rs)

30 Die Stapelie (deutsch: Ordensstern) ist eine Art der südafrikanischen Aasblume. (rs)

bedürftig, denn es gibt sicherlich Pflanzen, die Neptun unterstellt sind, die der Astrologe noch nicht sortiert hat, solche mit vergiftendem Geruch; solche, die mediale Zustände hervorrufen. Wenn es nicht gelingt, nach den Kennzeichen der Planeten alle Pflanzen richtig einzuordnen, so steht dem Pendler derselbe Weg frei, der auch zur Einordnung der Edelsteine geführt hat: mit dem Pendel über den Menschen hin zum Planet. Die astrologische Einteilung der Pflanzen hat zudem den Mangel, dass keine Unterscheidung gemacht wurde zwischen Pflanzen, die den guten Einfluss eines Planeten vermitteln, und solchen mit dem üblen Einfluss. Man kann der Natur nur näher kommen, wenn sie auf engen Gebieten eingehend beobachtet und untersucht wird. Die tägliche Beobachtung von einigen Pflanzen, das Versenken in deren Wesen und Seele, führt tiefer in die Naturerkenntnis, als das Lesen von vielen Wälzern.

Auch hier gilt das intellektuelle Wissen sehr wenig, das Verstehen aus dem Inneren heraus viel mehr. Wem es gelingt, in das Wesen und in die Seele einer Pflanze zu dringen, dem gelingt es auch, die Menschen zu verstehen.

Schon die Wahl der Pflanzen ist hinweisend. Jeder wird sich zu der Pflanzenart hingezogen fühlen, deren Wesen und Seele verstehen, die seinem Wesen und seiner Seele angepasst sind. Der Feinfühlige wird keine Pflanze um sich aushalten können, die ihm nicht angepasst ist. Um es drastisch auszudrücken: Ein vegetarischer Rohköstler wird es nicht fertig bringen, sich mit fleischfressenden Blumen zu beschäftigen und ein ausgesprochener Venusmensch wird keine Neigung zu Kakteen haben.

Wo alles uneinheitlich steht, das Blumenfenster ein Durcheinander nicht zusammen passender Blumen zeigt – da kann der Bewohner nicht als ein feinfühliger, harmonischer Mensch angesehen werden.

Was hier nun von den Blumen geschrieben ist, gilt schließlich für das ganze Naturreich. Was nützt ein Lehrbuch über das Auspendeln von Naturdingen und Naturwesen, wenn keine vernünftige seelische Einstellung dazu ausgebildet worden ist? Die Naturbetrachtung und das Versenken in die Natur werden fälschlich als dösige Träumerei und Schwärmerei angesehen. Wer bloß seine Gefühle in der Natur sucht, wird nie den Schleier heben. Unentdeckt bleibt ihm für immer die wunderbare Natur. Denkend muss man ihr gegenüber treten, beobachtend und forschend, dann gewinnt man die Kenntnisse der alten Naturkundigen. Würden hier wieder nur Ergebnisse zum Auswendiglernen mitgeteilt, so wäre die ganze Absicht vereitelt, eigenes Verständnis zu fördern. Es hilft nichts: Man muss selbst ans Werk gehen, man muss irgendwo anfangen und wäre es auch nur mit ein paar Blumen, die man betreut wie die Mutter ihr Kind. Solange diese Blumen noch Geheimnisse bieten, solange man über deren Bedürfnisse im Unklaren ist, ist der Zugang zur Natur noch verschlossen. So sei es meine Vorrede im Lehrbuch für Benutzung des Pendels im Naturreich!

***

Die Grade der weiblichen und männlichen Fortpflanzungsorgane sind immer um 22½ Grad voneinander entfernt und zuerst Pistill, weiblich 0 Grad, dann Antheren, männlich 22½ Grad, Blütenblätter der weiblichen Blumen 45 Grad, der männlichen 67½ Grad, Kelch 67½ Grad bzw. 90 Grad.
Der Fruchtkolben der weiblichen Blüte sind 90 Grad, der Stiel der Frucht 112½ Grad.
Die Fortpflanzungsorgane sind, dem Quadranten gemäß, absolut positiv.
Der Keimungsprozess vermehrt den positiven Charakter.
Ein Beispiel: Gerstenkörner trocken 140 Grad. In Wasser gelegt und zur Keimung gebracht, nach 36 Stunden noch 130 Grad, nach 6½ Tagen nur noch 112½ Grad.
Der Keim hat im ersten Augenblick 0 Grad, nach 4 Tagen Quellung bereits 22½ Grad. In diesem Zustand treibt er die ersten Wurzelfäserchen.
Rohrzucker (Lompenzucker) und Milchzucker sind Antagonisten von Kupferoxid, sind folglich Gegenmittel bei Kupferoxidvergiftung, um diese Art der Wirkung auch zu zeigen.
Das Pflanzenreich und die Kristalle liefern viele Beispiele für Symbole. Ein fünfzackiges Blatt steht z. B. in innerer Beziehung zum Pentagramm und dieses wieder zu Planetenkräften. Diese „Signaturen", d. h. Zeichen der Natur, verraten dem Naturkundigen sehr viel. Der VI. Band liefert hierzu viele Unterlagen. Hier, wo der dynamische Kreis erklärt wird, verbleibt nur noch darauf hinzuweisen, dass die geschilderten Gradbeziehungen in der Hagalrune[31] der Ariogermanen, der „hegenden Heilsrune", bildlich dargestellt sind:

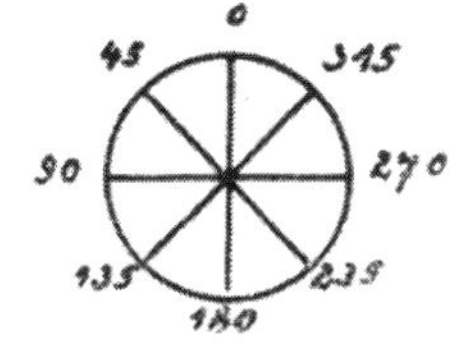

Die Hagalrune ᚼ ist der verborgene Inhalt des

Hexagramms ✡.

---

[31] Die akademisch-wissenschaftliche Runenkunde versteht unter „Runen" allgemein altgermanische Schriftzeichen. Das Wort „Rune" selbst entstand erst im 17. Jahrhundert, baut aber auf Vorformen auf, die in allen germanischen Dialekten zu finden sind. Im Gotischen, Altsächsischen und Althochdeutschen gibt es die Form *ru*na*, im Altenglischen *ru*n* und im Altnordischen *rún*. Die Form *rûne* stammt aus dem Mittelhochdeutschen. Die Herkunft dieser Formen ist umstritten. „Rune" war schon sehr früh gleichbedeutend mit „Geheimnis", aber die ältere, vorindogermanische Form **reu* bedeutet „flüstern". ... Diese alten Zeichen beinhalten jedoch noch viel mehr. Runen sind: Sinnbilder (Orakel), Schriftzeichen, Energieträger, Lautwert, Zauberzeichen. Die Runenreihe wurde geschaffen, um Menschen einen bildlich-magischen Zugang zu innerem wie äußerem Wissen zu ermöglichen, das die Zeiten überdauern und in allen Lebenslagen anwendbar sein sollte. Beim älteren Futhark ist dies bis heute der Fall.
Quelle: http://www.runenkunde.de/index1.htm.
Die Hagalrune beschreibt die alles vereinende formgebende Kraft im Universum. Ihre Form kennt man von Wasserkristallen oder Bienenwaben. (rs)

Dieser kleine Hinweis weitet den Blick für die Grundverbindungen, welche von dem Okkultismus gelehrt werden:

„Wie oben – so unten."

Die Natur macht Sprünge, aber nur ... im kosmischen Rhythmus!

Pflanzenleben – Pflanzenwirtschaft

Dünger

Jedes organische Gebilde verwest und wird „Erde". Aus dieser „Erde" ziehen andere Organismen ihre Nahrung, finden in den Verwesungsstoffen überhaupt ihre Existenzbedingung.

In einem „toten" Boden kann nichts richtig gedeihen, die Fruchtbarkeit ist bedingt durch das Vorhandensein verwester Stoffe. Der Verdauungsvorgang ändert die Nahrungsmittel in dem Sinn um, dass sie höher verweslich sind. Die Verdauungsendprodukte sind zugleich die hochwertigsten Stoffe für die Neubildung von Organismen.

Die tote Natur bietet keine Lebensmöglichkeit für Tier, Mensch oder Pflanze. Letzten Endes ist jedes Lebewesen Aufbaustoff für andere. Jedes lebende Wesen muss vergehen, damit neue leben können. Eins frisst das andere. Nahrung ist Dünger und Dünger ist Nahrung.

Durch diesen Wechselvorgang werden die Stoffe veredelt. Es ist nicht die Häufung chemischer Elemente, die da zusammenkommen, es tritt das Seelische hinzu. Im garen Boden wimmelt es von Lebewesen und Seelenbestandteilen. Mit jeder Frucht verschlingen wir Seelenstoffe der Nahrung. Diese Stoffe verbinden sich mit unseren eigenen Seelenstoffen. Die Art der Nahrung beeinflusst unsere Beschaffenheit.

Man versuche von rein chemischer Nahrung zu leben, es wird nicht gehen!

Die Pflanze hat Organe, welche chemische, an sich tote Stoffe, in organische Substanz umwandeln können. Aber auch nur in sehr beschränkten Mengen. Man nehme einen sterilisierten Boden, mische hinzu alle Stoffe, welche zum Leben der Pflanze notwendig sind. Pflanze einen Organismus hinein, er wird verkümmern. Wird sterben. Wird verwesen. Dann beginnt die Möglichkeit für die Existenz einer neuen Pflanze. Die Fruchtbarkeit eines Bodens ist ebenso von dem Vorhandensein von Bodenbakterien abhängig, als von dem der Lebensstoffe im chemischen Sinn. Ja, die Fruchtbarkeit beginnt im reinen Sand mit dem Augenblick des Bestandes von Bakterien.

Darum: Wenn bei der Düngung mit Chemikalien, mit gemahlenen Steinen, Salzen, unorganischen Metallen, nicht auch verwestes Leben in den Boden gebracht wird, geht die Fruchtbarkeit zurück. Das weiß jeder Bauer, wenn auch nicht jeder Städter, der den Bauern für dumm hält.

Aber wie ist es nun mit den Seelenstoffen? Diese sollen unsere eigene hochgelobte Seele ernähren?
„Sage mir, was du isst, dann will ich dir sagen, wie du bist.“ Jeder kennt dieses Sprichwort, das bereits die Antwort enthält. Grausame Menschen sind Fleischfresser, namentlich der Genuss von Fleisch von fleischfressenden Tieren ist geeignet, Raubsinn zu entwickeln. Mit dem Fleischgenuss verbunden ist das Bedürfnis für Rauchgifte, Narkotika aller Art. Diese reizen zum Genuss von Fleisch. Der Körper eines solchen Menschen entartet, er wird „viehisch“. Nicht etwa, dass die Pflanzenfresser energielos wären! Das ist eine dumme Redensart, mit der rohe Fleischfresser sich rächen wollen. Man sehe nur die Tiere an, die sich nur von Pflanzen ernähren, die sicherlich nicht weniger Kraft und Energie haben, aber die Anwendungsweise der Kraft steht ethisch höher!
Letzten Endes ist es auch nicht gleichgültig, ob die Nahrung männlich oder weiblich ist. Bullen- und Eberfleisch hat eine andere Wirkung als das Fleisch weiblicher Tiere. Man kann dem Mann die Kraft vermindern durch die Ernährung mit Fleisch von weiblichen Tieren, kann die Frau vermännlichen durch die Ernährung mit Bullen- und Eberfleisch. Man kann den Geschlechtstrieb erregen durch Ernährung mit Keimstoffen, Sexualprodukten. Schließlich ist ein Mensch innerhalb von einem Monat dem Tode verfallen, wenn er nur mit Kalbfleisch und Wein ernährt wird. Das ist deutlich!
Findet eine Veredelung statt durch die Verdauung in einem Menschen, dann müsste die Düngung nur mit dem eigenen Kot die hochwertigste Nahrung liefern. Ist das paradox, dann erkläre man, warum der Dungwert zunimmt mit der Qualität des Dunglieferanten. Es macht dem erfahrenen Landmann nichts aus, auf den Dünger des Schweines verzichten zu müssen. Die Kuh steht höher, liefert besseren Dünger. Alles, was fliegt, liefert wertvollen Dung.
Da wir nun unseren eigenen Dünger am meisten vergeuden, so kann man sehen, wie unklug wir zivilisierte Menschen sind. Wir könnten da viel von den Chinesen lernen, wenn wir nur nicht so überspannt hochmütig wären.
Dieses Kapitel schließt hier, aber es sollte nur anregen, den geäußerten Gedanken weiter nachzuhängen. Dann wird der Leser ein sehr wichtiges Kapitel unseres Lebens und Seins, einer unbekannten Grundursache vieler Erscheinungen, zu Ende schreiben. Das ist dann eindrucksvoller, als wenn es hier gedruckt stände und es würde bloß flüchtig überflogen und wieder vergessen.
Bedenke: „Der Mensch ist, was er isst!“

Unkraut

Wir wollen kein Unkraut haben und reißen es aus, entziehen damit dem Boden wertvolle Bestandteile, denn jede Pflanze nimmt vom Boden. Das entfernte Unkraut muss zurückgeführt werden. Das kann auf verschiedene Art geschehen, geübt wird nur eine: Man lässt es auf dem Komposthaufen zu Erde verwesen. Das dauert zwei Jahre! Ich schlage vor, eine Grube zu zementieren, alles Unkraut hineinzuwerfen, es verfault schnell, wenn Wasser darüber steht! Es bildet sich der natürliche kalte Tee der Natur! Eine Pflanzenjauche, die nach kurzer Zeit aufs Feld gefahren wird und alle Feinstoffkräfte des Unkrautes enthält. Das ist eine natürliche Ernährung, die auf die Kulturpflanzen höchst vorteilhaft einwirkt. Von Zeit zu Zeit wird die Grube leer gemacht, der Rest zerfällt bald in Erde, die auch aufs Land kommt als Edeldünger.

Künstliche Düngemittel

Wer sich vom Pendel beraten lässt, bringt die wertvollsten Düngemittel in dünnsten Lösungen aufs Feld! Das massige Ausstreuen verdirbt den Charakter und Nährwert der Pflanzen, diese machen Mensch und Vieh anfälliger für allerhand Krankheiten! Nur langsam lösende Mineraldünger dürfen ¼ Jahr vor der Bepflanzung ausgestreut werden.
Die deutsche Industrie liefert jetzt eine ganze Anzahl von hochwertigen chemischen Düngemitteln, an die der Landwirt sich erst gewöhnen muss. Die Pflanzen sind keineswegs mit ein und derselben Nahrung zufrieden. Der Pendel stellt dabei eine ungemeine Mannigfaltigkeit der Ansprüche fest. Wir müssen wegen größter Wirtschaftlichkeit folgende Bedingungen erfüllen:

1. Jeder Pflanze muss das nährende und nützliche Düngemittel zugeführt werden.
2. Es darf durch Wahl folgender Düngemittel keine Schädigung der Pflanze erfolgen.
3. Es darf nicht mehr Dünger zugeführt werden, als dem Hunger der Pflanzen entspricht.

Wie der Pendel hierbei Rat erteilt, sei jetzt gezeigt:
Zuerst müssen wir einmal feststellen, welche Düngemittel gleichzeitig oder vermischt verwendet werden können. Wir haben die nachstehende Liste ermittelt, bei der ein × anzeigt, dass eine Vermischung zulässig ist. Eine 0 hingegen sagt: Durch die Vermischung entsteht ein Schaden, sie ist nachteilig den Pflanzen wie dem Geldbeutel.

	Harnstickstoff BASF	Natronsalpeter	Kaliammon-Salpeter	Leunasalpeter	Schwefelsaures Ammoniak	Salzsaures Ammoniak	Thomasmehl (Phosphor)	Kalisalz 42 %
Harnstickstoff BASF		0	×	×	0	×	0	0
Natronsalpeter	0		0	×	0	×	×	×
Kaliammonsalpeter	×	0		×	0	0	0	×
Leunasalpeter	×	×	×		×	×	×	0
Schwefelsaures Ammoniak	0	0	0	×		0	0	0
Salzsaures Ammoniak	×	×	0	×	0		0	0
Thomasmehl (Phosphor)	0	×	0	×	0	×		×
Kalisalz 42 %	0	×	×	0	0	0	×	

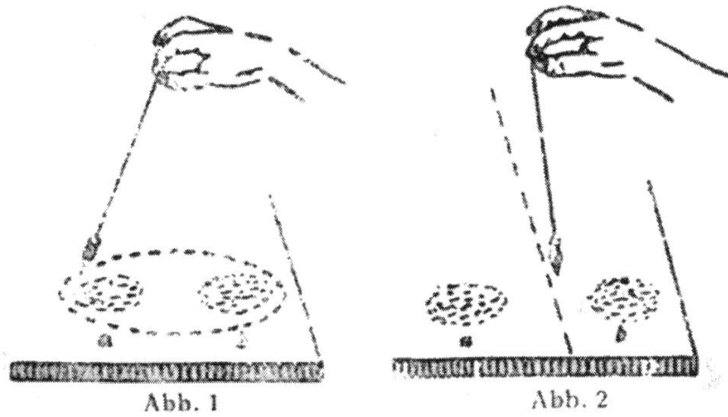

Abb. 1 Abb. 2

a und *b* sind zwei Düngemittel, die durch den Pendel daraufhin untersucht werden, ob sie zusammen ausgeteilt werden können. Bei Abbildung 1 beschreibt der Pendel Kreise um die Mitte herum: Sie passen zusammen. Bei Abbildung 2 schlägt er Trennstriche zwischen beiden Mitten: Sie passen nicht zusammen.

Auswahl der günstigsten Düngersorten

An Stelle des zweiten Düngemittels *b* auf den Abbildungen nehmen wir Samen, Knollen oder Pflanzen, und untersuchen diese gegenüber allen Düngemitteln, von denen der praktische Landwirt und Gärtner Proben in kleinen Dosen zu diesen Untersuchungen bereithält. Wenn nun eine Pflanze Stickstoffhunger hat, und er ist befriedigt worden, wird der Pendel an Stelle der begehrlichen Kreise die satten und ablehnenden Trennstriche ziehen! Somit wird jeweilig Sättigung und Hunger

angezeigt. Es ist nicht möglich, eine Normaldüngertabelle aufzustellen, da der Düngungszustand des Bodens ein gewichtiges Wort mitspricht. Ob der Hunger mehr oder weniger groß ist, erkennt man an der Lebhaftigkeit der Kreise.
Wie viel Dünger soll gegeben werden?
Löse die Salze usw. in Wasser auf und verdünne dies bei den Pendelversuchen. Die stärkste Lösung ist die schlechteste, das wirst du bald erkennen. Lieber mehrere schwache Gaben hintereinander als eine starke auf einmal. Es gibt ja jetzt Düngerverteilungsgeräte, die Arbeit erleichternd, beschleunigend und gleichmäßig ausführend. Solche Geräte machen sich bald bezahlt.
Die Düngerwissenschaft unterscheidet eine saure oder alkalische Reaktion oder ein neutrales Verhalten des Bodens gegenüber den Düngemitteln. Wer nun pendelt, bleibt vor Missgriffen bewahrt und spart sehr viel Geld. Andere können gründlich daneben hauen oder düngen, wenn sie aus dem Namen auf die Art schließen: salpetersaures Natron z. B. ist nicht sauer, sondern alkalisch! Immerhin kann die Wahl vereinfacht werden.
Eine saure Reaktion des Bodens lieben: Hafer, Kartoffeln, Lupinen und Buchweizen.
Eine alkalische Reaktion des Bodens lieben: Weizen, Gerste, Rüben, Klee, Seradella[32], Luzerne, Esparsette[33].
Neutrales Verhalten des Bodens lieben: Roggen und Lein.
Dazu die Kunstdüngemittel:
Für saure Reaktion: schwefelsaures Ammoniak, Chlorammonium, Leunasalpeter, Montansalpeter, Superphosphat, Kali.
Für die alkalische Reaktion: Salpetersaures Natron, Chilesalpeter, Kalkstickstoff, Thomasmehl, Rhenaniaphosphat, Kalk, Magnesia.
Für neutrales Verhalten: Kalksalpeter, Kalkammon. Und natürlicher Dünger – Mist!
Die einzelnen Mittel sind verschieden stark in der Wirkung und die Anforderungen der einzelnen Kulturpflanzen sind auch verschieden groß. Dazu kommt die Beschaffenheit des Bodens: Alles das berücksichtigt der Pendel. Und vor allen Dingen: Keine Pflanze kann bei einer Düngerart am besten gedeihen! Denn keine deckt den vorhandenen Bedarf! Um mich nicht zu wiederholen, verweise ich auf Band V, wo ich über das Bedürfnis meiner „Kulturen" berichte.
Stallmist in oft wiederholten Gaben macht den Boden sauer!
Kompost ist neutral, falls er nicht durch Mineralgaben verändert ist, sonst entscheiden diese die Wirkung, z. B. bei dem beliebten Kalkzusatz wird auch Kompost alkalisch.
Die Pflanzen benötigen 18 Mineralstoffe zum Aufbau!

---

[32] Seradella ist eine eiweißreiche Futterpflanze für die Gründüngung. (rs)

[33] Esparsette ist auch eine Futterpflanze, ist aber auch als Bienenweide und Bodenbefestiger bekannt. (rs)

Welche Düngerlehre für den praktischen Gebrauch umfasst diese? Wer düngt mit Barium, Kupfer, Arsenik, Strontium?

Aus der Praxis

Keimfähigkeit des Samens

Welcher Ärger und Nachteil, wenn der gekaufte Samen nicht aufgeht! Kostbare Zeit ist verloren, oft muss auf Blume oder Frucht verzichtet werden! Wer ein geheiztes Gewächshaus hat, kann ja Probesaaten in Töpfen machen, aber wer hat das zur Verfügung?

Da hilft uns der siderische Pendel schon beim Einkauf. Keimfähiger Samen setzt den Pendel in Bewegung, über totem Samen steht der Pendel still! In der Regel erfolgt der Pendelausschlag sofort, manchmal (ich fand das z. B. bei Kohlsaaten) aber erst nach einigen Minuten. Mit einer ganzen Reihe älterer Samen ist vom Herausgeber der Pendelversuch unternommen worden, dann sind Probeaussaaten gemacht und die vorher bezweifelte Analyse fand zur ehrlichen Überraschung des Obergärtners ihre Bestätigung. Hierbei wurde die oben erwähnte Erfahrung mit Kohlsamen gemacht.

Kräutertee

Es gibt viele Kräuter und Blätter, die zu Tee gut sind. Aber: Nicht jedes Kraut ist jedem gut! Im vorigen Jahr konnte ich z. B. Walnussblätter in meinen Tee geben, in diesem Jahr hat der Pendel entschieden verneint. Zuletzt, da ich nicht für jedes Familienmitglied einen Extratee sammeln wollte, pflückten wir nur solche Kräuter, die allen zuträglich waren. Wer also mit dem Pendel auf die Teeernte geht, sammelt nützliche Kräuter und der Tee wird ihm wohl schmecken. Ein Herr schrieb ganz verblüfft, er habe schwarzen Tee für reines Gift gehalten. Jetzt, nachdem er nach meinem Buch zu pendeln begonnen, habe der Pendel ihm Tee zugesprochen! Solche Überraschungen erlebt jeder Pendler!

Essbare oder giftige Pilze?

Wer pendeln kann, hat es gut, wenn er auf seinen Ausflügen in der Westentasche seinen Pendel mitnimmt. Er kann Pilze sammeln, ohne ein Pilzbuch mitschleppen zu müssen und sich mit Zweifeln zu plagen: Ist das nun auch dieser oder jener Pilz? Er nimmt seinen Pendel, die linke Hand wird neben den Pilz gehalten, und die rechte hält den Wunderrat, genannt Pendel. Ist der Pilz gut zum Essen, dann kommen die Kreislinien oder einschließenden Ellipsen. Ist der Pilz ohne Nährwert oder giftig, wird schnell der Trennstrich zu sehen sein. Ich habe junge Knollenblätterpilze mit jungen Champignons verglichen, im Äußeren täuschend ähnlich, der Pendel war aber sofort im Bilde!

Zum Auspendeln von Pilzen

In der ersten Ausgabe meiner Pendellehre habe ich auf die sichere Unterscheidung zwischen essbaren günstigen und giftigen wie schädlichen Pilzen mittels des Pendels hingewiesen.[34] Diesen Abschnitt drucke ich zum dritten Mal unverändert ab. Er hat Gegner gefunden, so z. B. den Ingenieur W. Gädecke in Hamburg, der das Verfahren in seinem sonst so guten Pendelbuch abgelehnt hat. Ich weiß, dass ich die Wahrheit gelehrt habe und füge nun Bestätigungen von dritter Seite bei.

Pilzgefahren (von Dr. Ferdinand *Titze*)

Trotz aller Belehrungen, trotz aller Warnungen ereignen sich immer wieder Fälle von Pilzvergiftungen. Das kommt daher, dass die Belehrungen zumeist nur einseitig erfolgen. Gewarnt wird vor dem Genuss von Pilzen giftiger Art. Hierbei werden die Merkmale einzelner für eine Verwechslung in Betracht kommender Arten möglichst instruktiv nebeneinandergestellt. Das ist gewiss sehr nützlich und notwendig, aber nicht genug. In Wirklichkeit werden die meisten Pilzvergiftungen gar nicht durch den Genuss von Giftpilzen hervorgerufen, sondern durch den Genuss von in Zersetzung übergegangenen Exemplaren essbarer Arten. In Folge ihres hohen Wasser- und Eiweißgehaltes unterliegen Pilze leicht dem Verderb und hierbei bilden sich dieselben todbringenden Gifte, wie in anderen eiweißhaltigen Nahrungsmitteln, zum Beispiel Fischen, Krebsen, Austern, Wurstwaren usw. Bei jeder Belehrung soll also mit besonderem Nachdruck hervorgehoben werden, dass bei der Auswahl von zum Genuss bestimmten Pilzen auf die Feststellung des Zustandes des Pilzes dieselbe Sorgfalt verwendet werden muss, wie auf die Bestimmung seiner Art. Es lasse sich niemand durch den billigeren Preis zum Ankauf bereits weicher, nasser oder dumpfriechender Pilze verleiten. Beim Sammeln lasse man überalterte Exemplare stehen. Selbst geerntete Pilze sollen gleich im Wald gereinigt, zu Hause ohne Verzug geschnitten und an einem kühlen luftigen Ort offen aufbewahrt werden. Wenn sie nicht noch am selben Tag gegessen werden, dann soll dies unbedingt am folgenden Tag geschehen.

In neuester Zeit wird als unfehlbares Erkennungsmittel die Probe mit dem *siderischen Pendel* angeraten. Die bezüglichen Versuche werden als einfache Beziehungsversuche angestellt. Hierbei zeigt der Pendel nicht an, ob es sich um Pilze handelt, die im Sinne der Wissenschaft giftig sind oder nicht, sondern er gibt über die Bekömmlichkeit Aufschluss. Würden sich z. B. über zweifellos essbaren und frischen Pilzen Ablehnungen ergeben, so wäre das ein Zeichen, dass die Pilze trotz ihrer Güte und Frische für jene Person, die den Versuch vornimmt, nicht bekömmlich sind.

---

34 Der Verlag schließt die Möglichkeit des Auspendelns von giftigen und essbaren Pilzen oder anderen Lebensmitteln nicht aus. Wir empfehlen trotzdem *dringend*, sich auch anderweitig von der Unbedenklichkeit zu überzeugen. (rs)

Ich habe den siderischen Pendel an einer sehr großen Anzahl gewachsener Pilze sowie auch an Abbildungen, und zwar sowohl über ausgezeichneten Abbildungen, wie sie sich z. B. in dem Werk Grambergs finden, wie auch über ganz primitiven Darstellungen, z. B. den während der Kriegszeit herausgegebenen Merkblättern, geprüft und durch andere Personen prüfen lassen. Hierbei habe ich niemals die Anzeichen der Annahme über giftigen oder absolut ungenießbaren Pilzarten beobachtet. Um eine weitere Erprobung vorzunehmen, habe ich folgenden Versuch gemacht: Ich brachte zu einem Experimentalvortrag vier Champignons mit, von denen ich einen ausgiebig mit Arsen vergiftet hatte. Ich ließ diese Champignons getrennt von fünf Personen untersuchen. Von diesen fünf Personen hatten zwei nach ihren Angaben überhaupt vorher nicht gependelt. Zwei hatten zwar mehrmals Pendelversuche unternommen, aber nur in ganz primitiver spielerischer Weise (ihr Gehabe bestätigte die Angaben). Eine Person war zwar nicht systematisch geschult, immerhin aber hatte sie einige Übung. Alle Personen erzielten richtige Resultate, d. h. bei allen ergaben sich über dem vergifteten Champignon Ablehnungen (in zwei Fällen Einkreisung). Dieses Ergebnis ist umso mehr von Belang, als die Pendler gegenüber dem Objekt voreingenommen waren. Als ein Herr über den vergifteten Champignon Ablehnungsstriche erzielte und ich dazu selbstzufrieden nickte, da wurde der Herr ganz böse und fuhr mich hart an: „Das Resultat ist doch offenbar falsch, denn das ist zweifellos ein Champignon!“ Ein Champignon war es allerdings, aber einer, der eine tödliche Portion Arsen in sich trug. Wie bei allen Versuchen, so muss sich auch hier der Pendler stets gegenwärtig halten, dass er nur subjektive Resultate erzielen und sich daher irren kann. Deshalb rate ich, die Pilze zuerst nach ihren Merkmalen zu bestimmen, die als essbar erkannten sodann mit Hilfe des Pendels auf ihre Bekömmlichkeit zu prüfen. Hierbei können auch Fehlgriffe, die bei der ersten Bestimmung unterlaufen sind, aufgedeckt werden. Hat doch in der Umgebung Wiens einmal der Führer einer Pilzwanderung, also ein Sachkundiger, ein abgeschnittenes Exemplar eines grünlichen Knollenblätterpilzes (Amanita phaloides) als Grüntäubling angesprochen! Wenn beide Untersuchungsarten gewissenhaft angewendet werden, dann ist wohl jede Möglichkeit einer Pilzvergiftung ausgeschlossen. Das Pendelergebnis gilt natürlich nur für den Zeitpunkt der Untersuchung, weshalb die Pendelprüfung unmittelbar vor der Zubereitung geschehen muss.

„Die ganze Praxis, die Sie im „Radio der Natur“ angeben, habe ich mir restlos angeeignet. Diesen Sommer verwendete ich meinen Pendel, welcher mir willig und schnell folgt, zum Pilze sammeln. Da mir der Wald fremd war, gab es auch einige Sorten, welche ich nicht kannte; schon vor dem Pflücken musste mein Pendel Auskunft geben. Zu Hause beim Reinigen machte ich die gleiche Probe noch bei Frau und Kind und ohne jeden Anstand wurden oft Gerichte mit 6–7 Sorten, wovon ich oft 2–3 gar nicht kannte, zubereitet und gegessen. Je mehr Sorten beieinander sind, desto herrlicher ist das Aroma.“

Lettstetten, Kr. Waldshut, A. Schöninger

Pflanzenheilkunde - Ein Beispiel

Ich erhielt eine Mammillaria plumosa, die ganz mit weißen Federn bedeckt ist. Alle weißhaarigen Kakteen, auch das Greisenhaupt Cephalocereus senilis, sind höchst empfindlich, sie neigen zur Wurzelfäule. Um zu starkes Gießen zu vermeiden, setzt man sie in einen zweiten mit Sand gefüllten Topf, der allein gegossen wird. Die Pflanze ernährt sich durch das wenige an Feuchtigkeit, was durch die Topfwand dringt. Bei genauer Betrachtung stelle ich Fäule fest. In solchem Fall ist eine wertvolle Pflanze durch rücksichtslose Operation zu retten. Man schneidet alles Angefaulte fort, lässt die Schnittwunde antrocknen und behandelt den kargen Rest als Steckling, falls nicht ein Aufpfropfen auf einen gesunden Cereus vorgezogen oder angängig ist. Nun, in diesem Fall war keine geeignete Unterlage da und ich beschloss, mit den D. Schöpwinkelschen Heilmitteln die Rettung zu versuchen. Der Pendel schlug ganz wild bei folgenden Mitteln: Kal. Alumin. sulf. lg. P.8 IV, Kal. bromat. Gleiche Potenzierung, und Kal. arsenicosum, lg. P.8 III, von jedem Mittel wurden einige Tropfen genommen, indem sie einfach auf die Erde des Topfes gegossen wurden. Zugleich war dem Gießwasser für den Doppeltopf Kal. phosphor. beigegeben. Für diesen Zusatz zeigten alle meine Pfleglinge heute ein sehr großes Verlangen, weshalb ich die Gabe etwas verstärkte, nämlich auf 0,20 g auf ein Liter Wasser. Die Fäule ist verschwunden!

Wir können bei blutsverwandten Personen die Zusammengehörigkeit feststellen, indem wir den Pendel über die eine Person halten, und wenn er schwingt, die andere berühren. Ist Blutsverwandtschaft vorhanden, so gerät der Pendel in Stillstand.

Diese Untersuchung kann auch auf Pflanzen erstreckt werden! Hier jedoch im erweiterten Sinn, da gleich die ganze Familie so wirkt, wie verwandtes Blut beim Menschen.

Zum Beispiel: Ich habe Kaktusableger erhalten ohne Angabe des Namens. Was für Kakteenarten sind es? Cereen hemmen den Pendel bei Cereen, aber nicht bei Echinocereus. Letztere finden keine Hemmung, wenn die Linke eine Echinopsis berührt. Ableger, die entweder Echinopsiden sein können oder Echinocereen, werden einwandfrei für Echinopsiden ermittelt. Hingegen wird eine Pelecyphora zur Familie Mammilaria gehörig erklärt. Der Kakteenkundige hält sie wenigstens für sehr nahe verwandt, sie unterscheiden sich voneinander etwas durch die Form der Warzen, was wegen deren verschiedenen Formen kein Grund ist, und durch die Verwachsung der Stacheln am Grunde. Sehen kann man das so nicht, der Botaniker hat es herausgefunden.

Der Pflanzenfreund kann nun diese Beobachtung weiterhin prüfen.

Blumenfarben

Grün – so lehren unsere Wissenschaftler – ist entstanden aus einer Mischung von Blau und Gelb. Ganz richtig, die Mischung dieser beiden Farben erscheint grün. Das hat dazu geführt, *Grundfarben* anzunehmen, nämlich Rot, Blau und Gelb. Diese Schlussfolgerung erkenne ich durchaus nicht an! Und lade die Wissenschaftler zur Beweisführung ein. Die Natur erzeugt die „Mischfarben“ als Grundfarben. Wäre das nicht so, dann müsste es möglich sein, alle in der Natur vorkommenden Farben zu zerlegen. Chlorophyll müsste in Blau und Gelb getrennt werden können! Das hat keiner fertig gebracht! Wäre es nicht sinngemäß, wenn im Herbst das Grün in Blau und Gelb auseinanderfallen würde? Nein, Grün wird Rot und Braun! Und so mit Violett, mit Orange, mit Rosa und allen anderen „Mischfarben“.

Richtig ist zu sagen: Alle natürlichen Farben der Pflanzenwelt sind Grundfarben, die künstlich nachgeahmt werden können, wobei Rot und Blau vermischt Violett bilden, Blau mit Gelb Grün, Rot mit Gelb Orange. Nie darf die Nachahmung das Gesetz für das Ursprüngliche liefern!

Pflanzen als Kranke behandelt

Fritz Roseno in Münsterberg schreibt mir: Ein Alpenveilchen „erkältete“ sich, als bei Frost das Fenster geöffnet worden war. Als Folge hingen Blätter und Blüten schlaff herunter, anscheinend völlig erfroren. Behandlung mit Kalium sulph, Urstoff im Gießwasser aufgelöst. Sofortige Erholung! Am Abend hatten sich Blätter und Blütenstängel wieder straff aufgerichtet, nach 14 Tagen hat die Pflanze 11 völlig entwickelte Blüten und weitere Knospen.

Eine andere Dame hat einen anscheinend völlig erfrorenen Weinstock ebenso behandelt, dieser hat daraufhin 1930 viele Trauben getragen. Dieselbe Dame hat einen scheinbar abgestorbenen Nussbaum wieder zum Leben erweckt.

Gruppenseelen

Dass die Pflanzen Gruppenseelen haben, ist leicht durch Ableger zu erklären. Der Kopf einer Pflanze ist ersichtlich im Wurzelstock, am „Hals“, also jener Stelle, wo Wurzel und Aufbau sich trennen. Nehmen wir einer Dahlienknolle diesen Teil weg, so schlägt sie nicht mehr aus. Dasselbe ist bei jedem Zwiebelgewächs zu bemerken. Bei Kartoffeln liegt der Seelenkopf in den Augen der Knollen, ein herausgeschnittenes Auge, an dem noch etwas Fleisch ist, entsprechend dem Eiweiß im Ei, schlägt aus und bildet eine Pflanze, die Knolle ohne Augen ist unfruchtbar.

Die Seele lebt aber auch im ganzen Aufbau! Das wird durch Ableger bewiesen, in jedem Ableger ist eine Teilseele, die sich selbständig zu einer Vollseele auszubilden vermag. Ich machte folgenden Versuch: Ein als Ableger erhaltenes Blatt eines Phyllokaktus[35] hatte gewurzelt und einen neuen Ausschlag gemacht. Darauf schnitt ich das Blatt, dessen ganze Höhe ursprünglich etwa 10 cm betragen hatte, über dem neuen Trieb ab und steckte diesen Abschnitt als wiederholten Ableger in einen Topf. Er macht eine neue Bewurzelung und eben tritt der erste neue Trieb in Erscheinung, während der ältere Bruder drei neue Triebe ins Dasein gesetzt hat. Ich glaube, wenn ich nach einigen Wochen das Mutterblatt nochmals durchschneide, so erhalte ich die dritte Pflanze aus diesem einen Blatt! Jede neue Pflanze bedeutet die Verselbständigung einer Teilseele. Leider wächst sich ein abgetrenntes Menschenbein nicht zu einem ganzen Menschen aus! Der Mensch hat keine Gruppenseele!

Mit dem Pendel ist festzustellen: Unten am Wurzelhals pendelt eine Pflanze einen Kreis, entsprechend der Linie des Kleingehirns beim Menschen. Der Mittelnerv eines Blattes gibt eine Linie, die senkrecht darauf steht, die Seitenteile pendeln eine um 90° versetzte Linie, beide zusammen demnach ein +.
Vergleiche ich Ableger und Mutterpflanze, so tritt die Hemmung bis zum Stillstand nur am Wurzelhals auf, höher hinauf wirkt das Gesetz der Hemmung nicht mehr.
Jedoch eine andere Pflanze der Familie wirkt ebenfalls hemmend, eine artfremde nicht mehr! Jede Familie hat somit eine Gruppenseele, jede Pflanze eine Teilseele.
Blumen und Knospen pendeln Kreise! Ebenso *keimfähiger* Samen.

Aus der Praxis von Pastor W. Wustrow † in Brasilien:
„Ich glaube, dass der Pendel der sicherste Kataster-Einschätzer[36] ist. Ein bemerkenswertes Ergebnis der Abpendelung eines Kugelkaktus will ich hier vorlegen. Ich habe es gefunden beim Auspendeln von 6 Bildern, die die Blüte vom Anfang des Erblühens an bis zur Vollblüte zeigen.

Blüten	Bild 1 – 5 Kreise *links* gedreht
	Bild 2 – 6 Kreise links gedreht
	Bild 3 – 7 Kreise links gedreht
	Bild 4 – 8 Kreise links gedreht
	Bild 5 – 9 Kreise links gedreht
	Bild 6 – 10 Kreise links gedreht
Mutterpflanze	Bild 1 – 10 Ellipsen *rechts* gedreht
	Bild 2 – 9 Ellipsen rechts gedreht
	Bild 3 – 8 Ellipsen rechts gedreht

---

35 Phyllokaktus ist eine veraltete Bezeichnung für den Blattkaktus. (rs)

36 Das Kataster (früher auch *Flurbuch* genannt) wird vom jeweils zuständigen Kataster- beziehungsweise Vermessungsamt geführt und ist Basis des Grundbuchs. Im Kataster (auch Liegenschaftskataster) werden alle Flurstücke nach ihrer Lage, Nutzung, Größe usw. verzeichnet und dargestellt. Zitiert nach: www.katasteramt.barnim.de. (rs)

Bild 4 – 7 Ellipsen rechts gedreht
Bild 5 – 6 Ellipsen rechts gedreht
Bild 6 – 5 Ellipsen rechts gedreht

Also sehen wir eine Abnahme der Kraft bei der Mutterpflanze und Zunahme bei den Blüten!

Etwas anderes. Ich habe einen Sack mit Kartoffeln, geerntet von einem Boden, der mit Kali, Phosphorsäure, Stickstoff und Kalk angereichert ist. Der darüber gehaltene Pendel beschreibt folgende Kurven: 45 N-O-Ellipsen links gedreht = Kartoffeln. Dann 30 Meridianellipsen links gedreht = Kali. Dann 25 N-W-Ellipsen links gedreht = Phosphorsäure. Weiter 28 Querellipsen rechts gedreht = Stickstoff. Schließlich 25 Kreise links gedreht = Kalk.

Die Kartoffeln vom selben Feld, jedoch ungedüngt, ergeben ein anderes Pendelbild: 15 × N-O-Ellipsen links gedreht. Das ist alles. Die Kartoffeln vom gedüngten Land bringen zweimal mehr an Ausschlägen, 45 zu 15!“

W. Wustrow, Pfarrer

Mir lagen Bodenproben vor von altem Land und neu aufgehauener Rossa = abgebrannter Urwald.

Der Boden der neuen Rossa wurde auf eine Glasplatte gelegt. Der Pendel, darüber gehalten wurde, beschrieb 30 links gedrehte Kreise. Acht verschiedene Düngemittel führte ich nun auf, andere Glasplatten daneben. Der Pendel beachtet keins derselben. Der Boden enthielt also alle erforderlichen Pflanzennährstoffe.

Nun hielt ich den Pendel über die Probe des alten Landes, er beschrieb zehn links gedrehte Kreise. Hungriger Boden.

Ich führte nun nach und nach die verschiedenen Düngemittel neben den alten Boden und fand Folgendes:

1° *Chlorkalium.* 80/85%. Der Pendel schwingt sich nach der 10. Bahn bis zur 30. Bahn, das Chlorkalium nur leicht berührend aus.

2° *Kalimagnesia.* 25%. K_2O. Der Pendel schwingt sich von der 6. Bahn zur Kalimagnesia, diese weit umkreisend, bis zur 30. Bahn aus und fällt kurz zurück.

3° *Chilisalpeter.* 15%. Der Pendel schwingt nach der 6. Bahn zum Chilisalpeter zu, erreicht diesen bei der 12., überschwingt diesen nicht ganz bis zur 18. Bahn und fällt allmählich bis zur 30. Bahn zurück.

4° *Bisuperphosphat.* 38–40%. Nach der 7. Bahn schwingt der Pendel auf Bisuperphosphat zu, erreicht es bei der 28. Bahn und fällt bis 30 zurück.

5° *Kalk.* Nach der 6. Bahn schwingt der Pendel auf Kalk zu, erreicht ihn mit der 12. Schwingung, überschwingt ihn bis zur 21. und fällt bis zur 30. zurück.

6° *Schwefelsaures Kali.* 48% K_2O bis 90%. Nach der 8. Bahn schwingt der Pendel auf schwefelsaures Kali zu, erreicht es bei der 11., überschwingt es bis zur 25. Bahn und fällt dann bis 30 zurück.

7° *Schwefelsaures Ammoniak.* 20,5%. Der Pendel wendet sich nach der 5. Bahn dem schwefelsauren Ammoniak zu, erreicht es bei der 10., überschwingt es bis zur 25. Bahn und fällt dann zurück.

Aus vorstehend Geschildertem ersieht man, dass der in Frage kommende Boden von K-Stoffen die Kalimagnesia, von den N-Stoffen das schwefelsaure Ammoniak bevorzugt, nach Doppelsuperphosphat und Kalk verlangt.
Danach würde ich dem Boden eine Mischung von 30% Kalimagnesia und 27% Doppelsuperphosphat und 25% schwefelsaures Ammoniak und 18% Kalk geben.
Leider konnte ich die praktische Probe auf das Exempel nicht machen, da mir die Grundstoffe 1, 2, 3, 4, 6 und 7 fehlten.

Chloroformierte Bäume

Ein englischer Naturforscher hat besonders empfindliche Pflanzen, die durch Berührung mit der Hand schon die Blätter fallen lassen, wie die Mimosen, durch Einwirkung von Chloroform unempfindlich gemacht. Die nach dieser Richtung hin fortgesetzten Versuche haben für die Praxis ergeben, dass chloroformierte Bäume das Umpflanzen besser vertragen als die im Normalzustand umgepflanzten, selbst wenn es sich um größere Bäume handelt. Voraussetzung ist, dass es durch die Narkose möglich ist, den Lebensprozess zeitweilig zu unterbinden.
Nicht ohne den Pendel! füge ich hinzu. *Man kann die Pflanzen ganz regelrecht mit Medizin behandeln wie Mensch und Tier. Darüber mehr in Band V der Pendelbücherei.*
Es gibt auch verkehrt polarisierte Pflanzen, wie ich in meiner Zimmergärtnerei festgestellt habe. Die Wirkung auf die Fortpflanzung muss noch beobachtet werden, wenn mein Zögling ins ausreichende Lebensalter gekommen ist.

Pendeln im Gelände

Dieses bezweckt in der Regel, Wasser oder Naphtha[37] oder Mineralien im Untergrund zu finden.

Die Literatur ist hierüber sehr geheimnisvoll, unklar oder unsinnig. Auch haben einzelne erfolgreiche Männer ihr besonderes Verfahren ausgebildet, das sie geheim halten.

Nun ist aber gar kein Grund zur Heimlichkeit vorhanden.

Eine persönliche Eigenheit ist es, Gleiches mit Gleichem zu suchen, also auf der Wassersuche als Pendel ein Glas mit Wasser zu benutzen, auf Naphtha mit einem Glas dieses Erdöles, Eisen mit einem eisernen Pendel oder Kohlen mit einem Kohlenpendel. Nach meinen Beobachtungen ist das nicht jedermanns Sache!

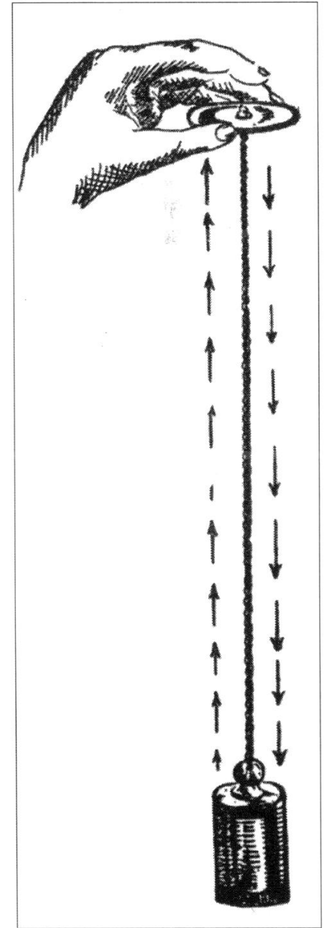

Mein Verfahren beruht auf dem genug erprobten Gesetz der Hemmung: Der Pendel in Bewegung über einem Vorkommen geht in Ruhestand über, wenn die Linke des Pendlers einen gleichen Stoff berührt.

Diese Erscheinung ist leicht verständlich: Der Pendel erhält Strahlen gleicher Art von zwei Seiten, das wirkt als Bremse!

Auf Lichtbildern habe ich auf diese Weise Naphtha und Wasser festgestellt.

Nun wird gefragt: Wie tief liegt das Vorkommen? Die Antwort kann nur gegeben werden auf Grund eigener Erfahrung, denn hier spricht die Veranlagung mit.

Das Einfältigste ist etwa eine Tabelle mit Zahlen, die auf die Erde gelegt wird mit der Einladung an den Pendel, jene Zahl anzuschlagen, welche der Tiefe entspricht. Ich war nicht wenig erstaunt, dieses Verfahren in einem neueren Pendelbuch angegeben zu sehen! Da mangelt es an jeder Einsicht! Wer soll denn dem Pendel die Antriebskraft zur antwortenden Bewegung geben? Nur das eigene Gefühl kann es sein, es ist eine bewusste oder unbewusste Taxierung, die der Pendel angibt! Welch Unsinn!

Man beginne mit bekannten Tiefen, etwa Wasser-

[37] Naphtha ist eine Bezeichnung für Erdöl oder bestimmte Benzinfraktionen. (rs)

leitungen. Da das Vorkommen einen kegelförmigen Strahl nach oben sendet, muss von der Seite die Grenze des Strahlungskegels ausgependelt werden. Man zeichnet sich die Maße rechts und links vom stärksten Ausschlag, der über dem Vorkommen selbst in Erscheinung tritt, auf und bilde daraus die Kegellinien. Ist nun die Tiefe bekannt, ist die Möglichkeit zur Graduierung gegeben, jede 10 cm Entfernung entspricht einer Tiefe von 10 m. Dieses erlangte Verhältnis ist je nach Pendelkraft verschieden, deshalb ist es notwendig für jeden Pendler, sich darüber eigene Erfahrung anzueignen.

Über Bergwerken, bei denen die Tiefe des Vorkommens bekannt und zu erfahren ist, sind entsprechende Studien zu machen.

Dieses Verfahren ist untrüglich, meines Wissens jedoch in der Literatur noch nicht bekannt gegeben, ich nehme daher das Recht der Priorität dafür in Anspruch.

Wasser pendelt einen Kreis. Ist es unterirdisch fließendes Wasser, erhält der Kreis eine zuckende Ellipsenform in der Richtung des Wasserlaufes.

Metalle pendeln den Gradausschlag, doch nur annähernd, denn das Metall liegt nicht unverfälscht im Untergrund, sondern oft in Verbindung mit anderen Metallen oder sonstigen Mineralien, wie z. B. Kalk.

Der Pendler muss eine Sammlung von Mineralien oder Erzen bzw. Metallen zur Hand haben, damit er die Berührung mit der linken Hand vornehmen kann.

Ich verwende zu diesen Untersuchungen meinen Erdpendel mit Metallspiegel gemäß Abbildung. Der Spiegel wirft auch aus großer Tiefe kommende schwache Strahlungen auf den Pendel zurück und steigert dessen Empfindsamkeit. Der Pendel ist ein solcher mit herausschraubbarer Spitze, die hierbei herausgeschraubt ist. Die Öffnung vermehrt die Empfindlichkeit.

Der Pendler, der sich für Geländependelungen ausbilden will, kann nun von beiden angegebenen Methoden ausprobieren, welche für ihn am geeignetsten ist.

So viel Einsicht wird nun wohl der Pendler haben, dass er nicht etwa den vorhandenen Pflanzenwuchs auspendelt! Denn da in einem neueren Pendelbuch vorgeschrieben ist, beim Suchen auf Wasser erst die nackte Erde herzustellen, indem Löcher gegraben werden, so muss doch der Anlass in vorgekommenen Fehlern zu suchen sein! Man wird also die Pendelversuche über den Pflanzen und nach deren Wegräumen vornehmen; ich irre mich nicht, daher ist diese Arbeit für mich überflüssig.

Auch ist es verständlich, dass man über Grundwasser stehend keine unterirdischen Wasserläufe sucht. Und wenn es sich um Brunnenwasser handelt, zu einer Zeit danach zu suchen, wenn Trockenperiode ist und Gefahr von Wassermangel. Daher sind Brunnen nur im Hochsommer bei völliger Trockenheit zu suchen.

Damit nun nicht der Erdmagnetismus ausgependelt wird, schaffe man sich das Buch III an, worin derartige Strahlungen angegeben sind. Außerdem bleibt jede Verwechslung ausgeschlossen, wenn nach meinen Angaben gearbeitet wird, also mit der Hemmung bei fündigem Vorkommen.

Ich füge ein Lichtbild zur Erprobung bei. Man sieht einen Bohrturm und die Auspendelung des Bodens deutet auf Naphtha. Wer etwas Petroleum zum Berühren hat, kann gleich die Probe aufs Exempel machen.

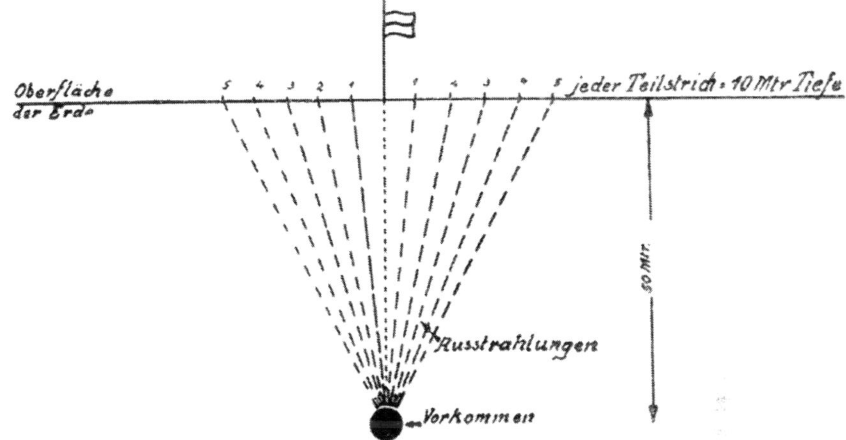

Der Pendel, in angegebener Weise benutzt, ist der Wünschelrute überlegen. Es kommt eigentlich ein Großwettbewerb mit dieser gar nicht in Betracht, sondern mit Apparaten, die vielleicht noch feinfühliger sind. Darüber berichtet der Direktor des geophysikalischen Institutes in Göttingen, Prof. Dr. Augenheister:
Die Erde besitzt z. B. ein Schwerefeld von bekannter Form. Wie wir aus Pendelbeobachtungen wissen, wächst die Schwerkraft vom Äquator zum Pol um etwa 5 Promille in gesetzmäßiger Weise mit zunehmender geografischer Breite. Ein *Salzhorst* ist leichter als seine Umgebung; über ihm besitzt die Schwerkraft einen kleineren Wert, als der geographischen Breite entspricht – sie ist dort gestört. Über dem leichteren Salzhorst schwingt der Pendel langsamer, über den schwereren kristallinen Auswölbungen alten Gesteins schneller als der geografischen Breite entspricht.
Für lokale, enger begrenzte Einbettungen ist eine andere Messung der Störung der Schwerkraft empfindlicher: die Messung mit der *Drehwaage*. Es ist dies ein horizontaler, dünner Waagebalken von etwa 60 cm Länge, der an seinen Enden je ein Gewicht von etwa 30 Gramm trägt; das eine Gewicht direkt am Balken, das andere an einem Faden tiefer hängend. Der Balken ist an einem sehr dünnen Platinfaden (von etwa dreihundertstel Millimeter Durchmesser) aufgehängt. Schwere Massen im Untergrund wirken anziehend auf beide Gewichte, doch nicht auf beide gleich. Infolgedessen versucht sich der Waagebalken in der Horizontalebene um den Aufhängefaden zu drehen, soweit es die Drehungskraft des Aufhängefadens zulässt. – Dies Instrument ist besonders in den Ölgebieten Ame-

rikas ein großer Erfolg, doch auch in Deutschland – z. B. in der Lüneburger Heide – verwendet worden. Auch hier sind die Schwierigkeiten der Messung groß. Der sehr dünne Faden ist empfindlich gegen Luftströmungen, Temperaturänderungen. Die Schwingungsdauer des Instruments beträgt eine Viertelstunde, es beruhigt sich daher nur sehr langsam, die Winkel müssen auf Zehntel Bogenminuten gemessen werden – das alles draußen bei Wind und Wetter. Ähnlich wie das Schwerefeld der Erde wird das normale erdmagnetische Feld durch Einbettungen gestört. Das Salz ist weniger, das Erz – auch alle kristalline Gesteine – stärker magnetisch als die jüngeren lockeren Schichten Norddeutschlands.
Hier wird eine *magnetische Waage* benutzt; ein magnetisierter Stahlbalken von etwa 10 cm Länge, der in der Mitte auf Quarzschneiden ruht. Infolge der Richtkraft des Magnetfeldes der Erde hat der Waagebalken das Bestreben, sich zu neigen, in unserer Gegend um 66 Grad unter dem Horizont. Ein Gegengewicht hält ihn aber in der waagerechten Lage. Ist der Balken im Normalfeld ausbalanciert, so wird er sich im Störungsfeld z. B. über einem Erzlager neigen, allerdings nur um sehr kleine Winkel. Die Messungen können verhältnismäßig schnell ausgeführt werden. Sie sind daher besonders geeignet, als erste Orientierung über die Untergrundverhältnisse zu dienen.
Bei den *dynamischen Methoden* wird ein Störungsfeld erst künstlich erzeugt. Man durchleuchtet den Boden mit drahtlosen oder mit elastischen Wellen. An den Einbettungen erleiden die Wellen Brechungen und Reflexionen, durch die sie wieder zur Erde empor geführt werden. In manchen Fällen wirken die Einbettungen ähnlich wie Spiegel: Stets stören sie die normale Ausbreitung der Wellen. Das ist die Ausbreitung in einem homogenen Mittel, als solches wird die „Umgebung“ angesehen. Die elektrischen Wellen werden erzeugt und aufgefangen mit den Hilfsmitteln der drahtlosen Telegrafie. Sie finden Verwendung hauptsächlich bei den elektrisch gut leitenden Erzlagern.
Wir können freilich wie folgt zwischen den Zeilen lesen, nämlich: Die Idee dieser elektrisch-magnetischen Waagen ist wissenschaftlich ausgezeichnet, nur ist der praktische Erfolg noch unsicher, sie leiden unter Störungen aller Art!
Da kann vielleicht unser Pendel doch noch mitsprechen?
Man berichtet auch über die „Wassergrafen Wrschowetz“, Vater und Sohn, die viele Quellen gefunden haben. Um den nackten Leib wird eine Kette geschlungen, diese ringelt sich am Arm herunter und endet in einer Kugel. In der Zusammensetzung dieser Kugel soll ein Geheimnis stecken. Aber die Grafen scheinen sehr sensitiv gewesen zu sein, denn es glückte andern Leuten nicht, damit Wasser zu finden. Wird die radioaktive Ausstrahlung, die allen unterirdischen Wasserläufen eigen ist, um die empfindlichsten Körpernerven geführt, so kann das sicher gefühlt werden! Da wir die Ursache der Pendelbewegung auch in radioaktiven Ausstrahlungen finden, so ist die Kugelkette nur eine andere Form des Pendels.
Die Idee einer Waage ist von mehreren Pendlern erfasst worden. Ich habe eine solche herstellen lassen, die bezweckte, den Magnetismus in Dienst zu stellen,

namentlich für Eisenvorkommen. Der Erfolg hat mich nicht befriedigt, ich habe den Gedanken nicht weiter verfolgt.
Auch der Pendelforscher Rob. Mayer in Beucha hat einen derartigen schwingenden Apparat gebaut, der jedoch ganz anders ist. Von verbürgten Erfolgen habe ich nichts gehört, nur hörte ich von einem Misserfolg munkeln. Rob. Mayer benutzt zur Erkennung des Vorkommens dabei auch eine Flasche, die mit dem vermuteten Stoff gefüllt wird: Wasser für Quellen, Kohlen für Kohlen.
Dieser Apparat wird in beiden Händen getragen und zwar muss er genau waagerecht gehalten werden, was meines Erachtens sehr schwierig ist! Ganz gewiss beim Gehen! Es ist nichts dagegen einzuwenden, wenn erfahrene Pendler sich Apparate herstellen, mit denen sie besser auskommen als mit einfachen Pendeln, beginnen kann niemand damit! Immer kann es nur der einfache Pendel sein, der die ersten Erfolge liefert, die zum Weiterarbeiten ermutigen.
Was jedoch durchaus gefordert werden muss, das ist die Ablehnung von Verfahren, die keine natürliche Grundlage haben. Psychische Fähigkeiten besonderer Art können ja Methoden begünstigen, die dieser Forderung widersprechen, nur sollen sie nicht als Muster gelten. Wir haben Gegner genug, die gern das Wort Schwindel denken, wenn sie auch nur Irrtum aussprechen!

Strahlungen

Alle Strahlungen lassen sich mit dem Pendel auf Gut oder Schlecht in der Wirkung auf Pflanzen untersuchen. Dieses Gebiet ist im III. Band der Pendelbücherei erschlossen worden. Wir haben es mit dynamischen Strahlen zu tun und mit permanenten wie Radioaktivität, Magnetismus. Die jetzige Zeit bemüht sich, die einstrahlenden Kräfte im Garten- und Landbau nutzbar zu machen.
Zuerst wurde versucht, die Luftfeuchtigkeit einzufangen, und diese in unterirdischen Leitungen den Pflanzenwurzeln nahe zu bringen. Es wurden Lichtbilder gezeigt, wie z. B. in einer Kiste mit reinem Kiesel Getreide gedieh. Die zugeleitete Luftelektrizität sollte die Nährwerte des Bodens aufschließen und den Wurzeln zuführen. Das kann elektrischer Strom unter gegebenen Verhältnissen machen, nur müssen die Nährstoffe vorhanden sein, die Anwendung der Elektrizitätsfänger hätte also reichlichere Düngung vorausgesetzt, aber es sollte der Strom den Dünger ersetzen. Das verstand ich nicht. Seit 2–3 Jahren höre ich nichts mehr davon.
Dann kamen die ultravioletten Strahlen an die Reihe. Darüber wurde folgender Bericht verbreitet:

Strahleneinfluss auf Pflanzen

„Welche Einwirkung die ultravioletten Strahlen auf die Pflanzen haben, zeigen folgende Ergebnisse: Durch Bestrahlung von Tabakpflanzen mit Röntgenstrahlen gelang es, vollkommen neue Arten zu erzeugen, die sich gegenüber den unbestrahlten Pflanzen in ihrer Größe wie in dem stärker entwickelten Blütenstand

unterscheiden. Ähnliche Ergebnisse wurden erzielt bei der Bestrahlung von Mais und Gerste, die vollkommen neue Varianten aufwiesen.
Interessant erscheint der von einer Versuchsstation ausgeführte Versuch über das Reifen von Weizen. Zum Wachstum und zur Ausreifung braucht der Weizen normalerweise fünf Monate. Durch künstliches Licht wurde der Weizen in seinem Wachstum beschleunigt. Die Bestrahlung erfolgte täglich während 16 Stunden. *Die mit Nährstoff versorgten Pflanzen* entwickelten sich bedeutend schneller und erzeugten ein vorzügliches Korn, das das normale Korn in jeder Weise übertraf, außerdem aber zwei Monate früher ausgereift war."
Hier werden meine Bedenken bereits beseitigt, es wird ausreichend Nährstoff zugeführt und es handelt sich um eine Beschleunigung des Vorganges.
Die Pendelprobe in diesem Fall ist einfach. Die Strahlung findet seitlich statt, so dass zwischen Pflanze und Strahllampe der Pendel gehalten werden kann. Ist die Bestrahlung an sich gut, so erfolgt ein gerader Strich in der Strahlrichtung. Ist das Gegenteil der Fall, wird der Strich ein Querstrich! Von der Wirkung der Bestrahlung bin ich überzeugt, fraglich ist die *Stärke*, denn ich nehme nur ganz schwache Einstrahlungen als starkwirkend an!
Fritz Hildebrand hat vorgekeimte Samen mit 15 Sekunden kurzen Wellen von 1–300 mm Wellenlänge bestrahlt, mit der Wirkung, dass sich die daraus entwickelte Frucht mindestens doppelt so schnell entwickelt als bisher. Wir wären in der Lage, in der bisherigen Zeit zwei Ernten statt einer einzubringen! Hier muss der Dauererfolg noch abgewartet werden.
Die Bestrahlung der Pflanzen ist auch ohne Kunstmittel schon jetzt vorhanden und entscheidend für das Wachstum. Wir rechnen mit der Sonnenbestrahlung als ganz notwendige Einwirkung. Wie wir gelernt haben, uns künstliches Sonnenlicht durch Elektrizität zu beschaffen, wenn wir die chemisch wirksamen Strahlen durch ultraviolette Strahlen nachahmen, so können wir weiter lernen und damit auch die Lebenstätigkeit der Pflanzen verstärken und den Ablauf beschleunigen.

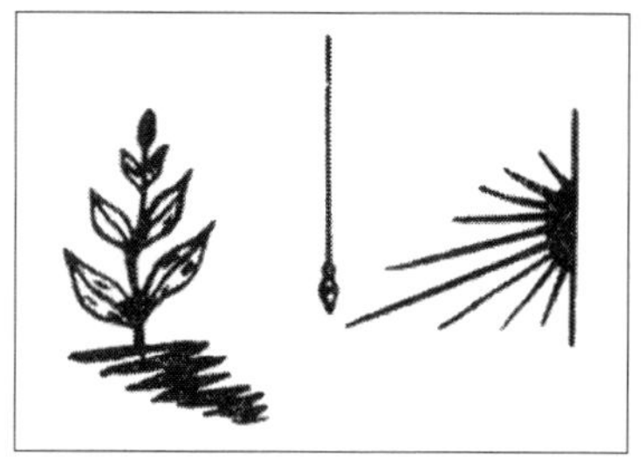

Wir haben aber neben dem Sonnenstrahl noch andere kosmische Strahlungen. Diese benutzt der russische Franzose *Lakhovsky*, indem er um die Pflanzen durch Kupferdrähte kleine Antennen herstellt, welche die Pflanze in den Mittelpunkt der aufgefangenen Strahlungen versetzt. Darüber folgender Brief:
„Interessant war mir „L'origine de la vie. La radiation et les êtres vivants" von Georges Lakhovsky (Gauthier-Villars & Cie. Editeurs, 55 Quai des Grands-Augustins, Paris, 20 frcs.). Weshalb wird solches Buch nicht von deutschen Ärzten und Krebsforschern gelesen. – Sie haben Recht, die Franzosen scheinen weniger kleinlich zu sein, denn Lakhovsky wurde als Mitarbeiter des Prof.

D'Arsonval, Prof. Gosset, Dr. Gutmann an die Salpetrière gebeten und experimentiert auch zusammen mit Prof. Besredka am Pasteur Institut. – Seinem Schlusswort nach wäre zu wünschen, dass Lakhovsky's Anschauungen, die durchaus einleuchten, mehr Verbreitung fänden.
Er fand, dass alle Zellen elektrisch vibrieren, kranke Zellen einen anderen Rhythmus haben durch veränderte Wellenlänge. Ebenso haben Mikroben ihre eigenen schwingenden Ausstrahlungen, welche die anderen Zellen unter Umständen töten. Er mischte die schädlichen, schnell beweglichen Typhusbazillen mit den fast genauso aussehenden, langsamen Colibazillen[38] und sandte einen elektrischen Strom durch die schwachleitende Flüssigkeit, worauf die Typhusbazillen nach dem einen Pol eilten und die Colibazillen zum anderen Pol, wie es ähnlich auch Salze tun, die sich spalten und den einen Teil positiv und den anderen negativ werden lassen. Lakhovsky denkt, dass der Colibazillus deshalb nicht die gesunden Zellen schädigt, weil er deren Schwingungszahl hat und daher nicht deren Wellenlänge stört. Der Typhusbazillus dagegen ist chemisch anders zusammengesetzt, schwingt auf einer anderen Länge und ändert durch Induktion das Schwingungs-Gleichmaß der Zelle.
Lakhovsky ließ nun einen – im Gegensatz zu anderen Strahl-Apparaten – *unschädlichen* Radio-Zell-Oszillator für Wellenlängen von 2–10 m bauen. Nur wenn zwei Lebewesen, wie Zelle und Mikrobe, in Berührung sind, wirken die Strahlen des Apparates so, dass sie das Schwingungs-Gleichmaß der Zelle wiederherstellen. Hierdurch bekommt die Zelle Hilfe genug, um die Mikrobe zu zerstören.
Es wurden Geranien mit Krebsstoff geimpft und die entstandenen Geschwülste mit dem Apparat bestrahlt mit 2 m Längen Hochfrequenz, d. h. mit ca. 150.000.000 Schwingungen in der Sekunde. 11 Bestrahlungen à 3 Stunden zerstörten die 3 walnussgroße Geschwulst und hinterließen eine gesunde, blühende Pflanze, die noch im nächsten Jahr prächtig gedieh, während alle anderen nicht bestrahlten geimpften Pflanzen bald an den Geschwülsten eingingen (als Arzt kann man auch „Tumore" sagen).
Nach seiner Theorie bekommen hauptsächlich alte Leute Krebs, weil die stark abgenutzten Gewebe eine andere chemische Zusammensetzung bekommen haben, wodurch sich die Schwingungszahl mit der Kapazität der Zellen änderte. Blutkörperchen sind reich an Eisen und Phosphor und bei alten Leuten sind rote wie weiße Blutkörperchen vermindert. – Eisen und Phosphor ändern dort die Wellenlänge in der Zelle.

[38] Colibazillen: Mikroorganismus, der normal im Dickdarm Erwachsener vorkommt und durch Aufschließung der Cellulose zur Ausnützung der Nahrung beiträgt. Lebensmittel dürfen keine coliforme Keime beinhalten.
Zitiert nach: www.foodnews.de/faq/20_glossar/Begriffsglossar_C.html. (rs)

Ein aufgepfropfter Krebs ergreift manchmal nicht die gesunden Partien eines Körpers, nämlich dann nicht, wenn dessen Zellenschwingungen siegreich gegenüber dem neuen Nachbarn und Störenfried bleiben. – Auch die Mikroben der Milch stören nicht, weil sie die gleichen Schwingungen haben.
Lakhovsky erklärt auch das Gleichbleiben der Körperwärme auf Grund des elektrischen Lebens der Zelle.
Sein Haupterfolg ist, dass er seinen Strahlapparat ersetzen konnte durch einen einfachen ungeschlossenen Kupferdrahtkreis von 30 cm Länge, der mit ungefähr 2 m Wellenlänge anscheinend die neuen Kraftstrahlen, die man aus der Milchstraße herrührend vermutet, zur Wirkung auf die Pflanze bringen konnte, derart, dass die Geschwulst binnen 14 Tagen abfiel und die Pflanze gesundete. – Nichts anderes also war getan worden, als dass man die Pflanze mit dem Kupferdraht umzirkelte, der von einem Holzstab als Nichtleiter getragen war. Die Ätherwellen vermochten den gesunden Zellen der Pflanze solche Stärkung der Eigenschwingungen zukommen zu lassen, dass sie die Geschwulst abstoßen konnten."
Mein Freund hat es so deutlich geschildert, dass ich seinen Brief abdrucke. Im V. Band, der vor diesem geschrieben wurde, habe ich bereits auf das Buch hingewiesen. Ich habe mir eine derartige Drahtantenne um eine Pflanze hergestellt und den Pendel dazwischen geführt, er zeigte den genannten zustimmenden Strich.
Nur ganz kurze Wellen sind dafür dienlich, für die auch der Mensch als Antenne dient.

Zerspringende Edelsteine

Über ihre Schwester Renate plaudert Freifrau Anna von Dalwigk: Sie wäre sehr stark magnetisch und vermochte mit ihren Kräften Heilungen hervorzurufen, denen die Ärzte machtlos gegenüber ständen. Nach anstrengenden Behandlungen war sie immer sehr erschöpft. Nun zeigte sich bei ihr die Erscheinung, dass die am Ring oder am Hals getragenen Steine immer zersprangen! Zuerst ein schöner Karneol. Nachdem dieser zerbröckelt war, schenkte der Vater ihr einen Onyx. Diesem blühte dasselbe Schicksal und zwar in ganz kurzer Zeit. Da wollte sie keinen Ring mehr tragen, doch es kam der Tag der Verlobung. Ihr Verlobter schenkte einen Brillantring und der Vater einen Smaragdring als Erbstück der verstorbenen Mutter. Nach zwei Wochen hatte der Smaragd einen Sprung. Renate wurde krank, ihre Schwester besuchte sie und wunderte sich, dass die Goldarmringe ihren Goldglanz verloren hatten und wie Kupfer aussahen! Das gab Veranlassung, einen Professor der Naturwissenschaft zur Beratung aufzusuchen, der ein Erlebnis in Arabien erzählte, wo er zu einem Wunderheiligen geführt wurde. Als man diesen traf, schlief er und der kundige Führer bedauerte: Der Heilige hat seine Kraft ausgegeben, seine Goldreife, von denen der Arm bedeckt war, sehen trübkupfrig aus. Da muss lange gewartet werden, bis die ausgegebene Kraft wieder ersetzt ist.

Nicht lange darauf trug Renate in Gesellschaft einen wundervollen Rubin. Plötzlich erschrak sie, der herrliche Stein hatte einen Sprung bekommen. Als die anderen Gäste die Berichte anzweifelten, holte Renate einen Bergkristall und nahm ihn in ihre Hände, nachdem sich alle durch Besichtigung von dessen Reinheit und Schönheit überzeugt hatten. Nach zwei Minuten hatte der Stein mehrere Sprünge und die Farbe war milchig trübe geworden.
Der erwähnte Professor erklärte, Renate müsse eine besondere Fähigkeit haben, den Steinen gewisse Strahlen zu entziehen und sie dadurch zu zerstören. „Wo solch eine starke Ansammlung von Kräften stattfindet, müsste da nicht auch eine Äußerung dieses Kraftzentrums in irgendeiner Weise erfolgen?“
Darauf folgen Berichte über die Heilkraft der Dame. Wurde ein Baum gepflanzt, wollte der Gärtner sie dabei haben. Wenn sie den Stamm halte, wächst er bestimmt an. Genau so ging es mit allen Tieren und kranken Menschen. Es bleibt allerdings vorläufig keine andere Deutung übrig, als dass die Dame den Steinen Kräfte entzogen hat, weil sie die eigenen an andere Geschöpfe zur Heilung abgab. Für uns ist es jedoch ein Beweis, dass Kräfte in den Edelsteinen vorhanden sind und auf den Träger übergehen. Kundige erkennen das Befinden einer Person an der Reinheit und dem Glanz der von ihr getragenen Edelsteine. Aber mehr! Auch die Gesundheit der seelischen Empfindungen, was mit Adel der Gesinnung zu bezeichnen ist, ist dem Stein nicht gleichgültig! Nur die harten Diamanten widerstehen, alle anderen Steine verlieren ihren Glanz, ihre Schönheit mit der Tugend. Huren tragen deshalb Diamanten und nachgemachte Steine.

Die „Dresdner Nachrichten“ berichten:

> „Mitte August fuhr der 54-jährige Inspektor beim Standesamt in Chemnitz, *Johannes Palitzsch*, mit seiner um 4 Jahre jüngeren Ehefrau Else in die bayrischen Berge. Er mietete sich in Untergrainau bei Garmisch-Partenkirchen in der Pension Maria-Theresia ein. Gemeinsam unternahm das Ehepaar Spaziergänge und leichte Bergtouren. Das Ehepaar verabredete für den 26. August eine Besteigung des fast 2.000 Meter hohen Kramer. Die Tour gilt als leicht. Frau Palitzsch fühlte sich an diesem Tag nicht wohl und so machte sich Herr Palitzsch am Morgen des 26. August in aller Frühe allein auf den Weg. Es wurde Abend und Herr Palitzsch kehrte nicht zurück. Frau Palitzsch wurde unruhig. In der Pension tröstete man sie damit, dass der Weg zum Gipfel des Kramer ungefährlich sei. Es vergingen weitere vierundzwanzig Stunden und Herr Palitzsch war immer noch nicht zurückgekehrt. Frau Palitzsch machte nun eine Rettungsexpedition mobil. Unter Führung des bekannten Bergführers Reindl aus Garmisch begaben sich fünf Bergführer auf die Suche. Man fragte in den Hütten unterwegs, man suchte – von Herrn Palitzsch fand man keine Spur. Fünf Tage lang waren verschiedene Rettungsexpeditionen unterwegs. Alle kehrten erfolglos zurück. Frau Palitzsch ertrug es nicht mehr in Untergrainau. Am sechs-

ten Tag nach dem Verschwinden ihres Mannes kehrte sie nach Chemnitz zurück. Die Berge haben ein neues Opfer gefordert, das war ihre schmerzliche Überzeugung, mit der sie ihrem Mann nachtrauerte.
Herr Palitzsch war sehr musikliebend. An Winterabenden veranstaltete er regelmäßig mit Bekannten Hausmusikabende. Unter diesen Musikfreunden befand sich auch der Ingenieur W. Meyermann aus Chemnitz, ein Herr Mitte der vierziger Jahre, der Sohn eines Juristen aus Göttingen und der Bruder des Geheimrats Prof. Dr. Meyermann, Astronom an der Universität Göttingen. Herr Meyermann beschäftigte sich mit Metaphysik und Astrologie.
Am 14. September, also drei Wochen nach dem Verschwinden des Herrn Palitzsch, besuchte Herr Meyermann Frau Palitzsch in ihrer Chemnitzer Wohnung mit der Absicht, durch seine hellseherischen Fähigkeiten das Verschwinden des Herrn Palitzsch aufzuklären.
Herr Meyermann ließ sich im Beisein des Bruders von Frau Palitzsch und zweier anderer Verwandter zunächst eine Fotografie des Vermissten vorlegen, da sich nach seiner Meinung jede Fotografie nach dem Tod des Menschen ändert. Auf Grund der Fotografie teilte er Frau Palitzsch mit, dass ihr Mann nicht mehr unter den Lebenden weile. Herr Meyermann ist noch nie in der Gegend von Garmisch-Partenkirchen gewesen. Er kennt also die Gegend aus eigener Anschauung nicht. Man breitete dann eine Spezialkarte des Kramergebietes, eine Ortskarte von Untergrainau und verschiedene Ansichtskarten der dortigen Gegend auf dem Tisch aus. Außerdem nahm Herr Meyermann Fühlung an einem gebrauchten Taschentuch des Vermissten. Dann setzte er den siderischen Pendel in Tätigkeit und bezeichnete sofort einen genauen Weg, den der Verunglückte am 26. August gegangen sei. Danach war Herr Palitzsch unterwegs vom Hauptweg abgewichen und einen Nebenweg gegangen, der nach den Schluchten des Kramer führt. Auf der Spezialkarte bezeichnete Herr Meyermann genau die Stelle, an der Herr Palitzsch abgestürzt sei, und einige Meter davon die Stelle, wo die Leiche liegen geblieben sei. Da Herrn Meyermann kurz zuvor durch Hellseherei die Entdeckung einer seit einem Jahr vermissten Leichte geglückt war, zweifelten Frau Palitzsch und ihre Verwandten nicht an der Richtigkeit seiner Angaben. Man vereinbarte, dem Bergführer Reindl und der Gendarmeriestation in Untergrainau sofort die von Herrn Meyermann bezeichnete Stelle mitzuteilen. Jedoch in Folge der Abneigung der Behörden gegen Hellsehen wollte man nichts davon sagen, dass die Stelle durch Hellsehen ermittelt wurde, sondern angeben, dass Frau Palitzsch die Stelle, wo ihr toter Mann liege, im Traum gesehen habe.
Die Postkarte der Frau Palitzsch an den Bergführer Reindl hatte folgenden Wortlaut:

„Ich habe heute Nacht einen Traum gehabt, in dem ich die Stelle, wo mein toter Mann liegt, genau sah. Mein Mann liegt auf einem grünen Fleck nahe einem Wassergumpen[39], dort, wo sich die Kramerlaime und die Beilaime treffen. Bitte suchen Sie doch sofort an dieser Stelle nach.

Frau Else Palitzsch."

Auf der Postkarte an die Gendarmeriestation in Untergrainau schreibt Frau Palitzsch nichts von einem Traum, sondern wahrheitsgemäß, dass sie von einem bekannten Herrn die mutmaßliche Stelle erfahren habe, wo ihr Mann verunglückte.
In Untergrainau war man über den Inhalt der beiden Postkarten aufs Höchste überrascht. Woher wusste Frau Palitzsch etwas von einer Kramerlaime und einer Beilaime, zwei Wildbächen, die nur der ortskundige Alpinist kennt? Die auf der Postkarte angegebene Stelle war ganz abseits gelegen und so weit von jenem Weg entfernt, dass sie zuvor auch von den Bergführern kaum beachtet worden sein dürfte. Trotzdem begaben sich die Bergführer zu der angegebenen Stelle. Das Erstaunen und die Überraschung der Bergführer waren grenzenlos, als sie plötzlich die Leiche von Herrn Palitzsch genau an der angegebenen Stelle fanden. Die Leiche war in den drei Wochen, die sie hier gelegen hatte, schon stark in Verwesung übergegangen.
In Untergrainau schöpfte man Verdacht und nahm an, dass Herr Palitzsch keines natürlichen Todes gestorben sei. Die Mordkommission von München wurde verständigt. Sie begab sich an die Fundstelle der Leiche und nahm eine genaue Untersuchung vor. Der medizinische Sachverständige, Professor Merkel vom gerichtlichen medizinischen Institut in München, stellte als Todesursache einwandfrei einen Unfall oder einen Herzschlag fest. Die Behörden zweifelten weiter, und als Frau Palitzsch auf die telegrafische Verständigung, dass ihr Mann als Leiche gefunden sei, in München eintraf, wurde sie sofort einem eingehenden Verhör unterworfen. Sie gab zu, dass sie die Stelle nicht im Traum gesehen habe, sondern dass sie ihr von Herrn Meyermann hellseherisch bezeichnet worden sei. Und schon in der nächsten Stunde begaben sich Chemnitzer Kriminalbeamte auf telefonische Anweisung aus München in die Wohnung des Herrn Meyermann in Chemnitz und verhörten ihn eingehend zur Sache.
„Ich war in meinem Leben noch nie in der Gegend von Garmisch-Partenkirchen. Ich kenne die Gegend nur aus der Spezialkarte, mit deren Hilfe ich die Unglücksstelle ermittelt habe. Ich bin in den letzten Wochen stets in Chemnitz gewesen."
Das Ehepaar, bei dem Herr Meyermann wohnt, wurde ebenfalls vernommen. Beide Eheleute bestätigten übereinstimmend: „Jawohl, Herr Meyermann war in den letzten Wochen immer in Chemnitz." Die Aufwartung, die die Wohnung täglich aufräumt, bestätigte das gleiche. Man war ratlos. Man konnte einfach nicht

[39] Eine Gumpe ist eine flache Mulde, die insbesondere über ein großes Gefälle abfließende Gebirgsbäche in den felsigen Untergrund fräsen. Quelle: lexikon.freenet.de/Gumpe. (rs)

glauben, dass jemand ohne genaue Kenntnis der Gegend die Unfallstelle so genau bezeichnen konnte. Man konnte sich nicht erklären, warum Herr Palitzsch soweit vom Weg zu den Schluchten abgewichen war. Auf diese Frage hatte Herr Meyermann nur die eine Antwort: „Es war sein Schicksal. Als ich ihn drei Wochen vor seiner Abreise einmal auf der Straße in Chemnitz traf, erschien mir während des Gesprächs Herr Palitzsch plötzlich als Leiche. Schon damals wusste ich, dass seine Lebenstage gezählt sind."
Mit dieser Erklärung konnten die Behörden nichts anfangen, aber sie mussten sich dem medizinischen Gutachten beugen, wonach Herr Palitzsch eines natürlichen Todes gestorben war, nachdem auch jeder Anhaltspunkt und jedes Motiv für ein Verbrechen fehlten. Die Leiche wurde von der Staatsanwaltschaft freigegeben und verbrannt. Nun beschäftigen sich weite wissenschaftliche Kreise mit dem Fall, der zu den wenigen zählt, in denen Hellsehen nachgewiesen ist. Herr Meyermann macht einen sehr empfindsamen Eindruck. Er stammt aus einer alten Familie, die ihren Stammbaum bis zum Jahre 1659 genau zurückverfolgen kann und in der nach seinen Angaben verschiedene Vorfahren schon mit der Gabe des „zweiten Gesichtes" ausgestattet waren. Er persönlich ist der schärfste Gegner von Hypnose, aber ein großer Anhänger der Magnetopathie[40] und der Schicksalslehre der Astrologie. Wenn auch wenig Aussicht dafür besteht, so muss man doch hoffen, dass die Nachprüfung des Falles durch die Wissenschaft restlose Aufklärung bringt ..."

Ich stehe mit Herrn Meyermann in Verbindung und bat ihn, mir doch einmal seine Arbeitsweise zu schildern. Er antwortete liebenswürdigerweise: „Inwieweit mein Unterbewusstsein beim Pendeln tätig ist, kann ich leider schwer angeben. Wenn ich z. B. einen Weg auf der Karte nachpendele, habe ich das Gefühl des Wanderns an Ort und Stelle. Ich habe Augenblicksbilder von unglaublich kurzer Zeit, die sofort wieder verschwinden. Ich bin seelisch dort. Mir ist es so, als diene die Karte nur zur Orientierung, wo ich bin. Die Deutlichkeit hängt ganz vom Befinden, Stimmung usw. ab. Es gibt Tage, wo ich nur ein gewöhnlicher Mensch bin. Gute Dienste hat mir ja auch der Pendel beim Verfolgen von Spuren auf Straßen usw. an Ort und Stelle geleistet oder ob und von wem Gegenstände berührt worden sind, wie Türklinken, Schlüssel, Kassetten, durch Vergleich der Spezialmerkmale an Bildern und Schriften. Das letztere beruht meines Erachtens auf der Wahrnehmung von hinterlassenen Schwingungen der Betreffenden auf

---

[40] Dabei werden durch Handauflegen krankhafte Schwingungen des Patienten auf den Behandler abgeleitet und so der Patient entlastet. Der Behandler kann auch einen Teil seiner Lebensenergie auf den Patienten übertragen. Die Ausübung der Magnetopathie ist individuell sehr verschieden. Sie stellt für den Behandler eine große Belastung dar. In der Regel wird die Behandlung entweder am Ort des Schmerzes oder entlang der Chakras ausgeführt. Im Prinzip kann jeder eine solche Behandlung durchführen. Voraussetzung ist eine völlige Konzentration auf den Patienten. Die Behandlung kann durch Suggestion unterstützt werden. Zitiert nach: www.naturheilkundelexikon.de. (rs)

der Straße und im Haus, die sogar Regenwetter und großes Saubermachen nicht verwischen.“

Diese Darstellung ist ungemein wichtig, da solche Aufschlüsse selten in klarer Form zu erhalten sind. *Verbindung von Hellsehen und Pendel,* das ist die gegebene Möglichkeit, Aufschlüsse zu erhalten, die über das Gebiet der Auspendelung natürlicher Strahlungen hinausgehen. Diese Möglichkeit ist selten, nur echte Hellseher können davon Gebrauch machen. Mit Spiritismus hat das keine Berührung. Nur ist es fraglich, ob sich *alle* Hellseher dieser Fähigkeit bewusst sind, ob nicht viele selbst in Irrungen leben und teilweise die Gesichte als Halluzinationen übergehen. Die Tätigkeit des Unterbewusstseins *kann* sich in Hellsehen äußern, aber auch auf dem Weg der Gedankeneingebung. Bei mir ist jedenfalls das letztere bemerkenswert, oft habe ich die Zeit unerwarteter Einfälle notiert, immer gab es ein aufschlussreiches Horoskop. Alle meine Forschungen und Ergebnisse sind auf „Einfälle“ zurückzuführen.

Nachdem ich dem Pendelforscher Sanitätsrat Dr. med. *E. Clasen*[41] in Itzehoe Einsichtnahme in den Brief von W. Meyermann gegeben hatte, schrieb er mir folgende Zeilen: „Der Brief von Meyermann war für mich von höchstem Interesse und zeigte mir wieder einmal, in welche unerwartete Richtungen und Fernen der menschliche Geist sich bei Einzelnen auszuwirken vermag. In allen diesen Fällen kommen wir aber mit der exakten Wissenschaft, die ja alles Übersinnliche schroff ablehnt, nicht weiter und die exakte Wissenschaft bleibt damit stehen auf der untersten Stufe wissenschaftlicher Erkenntnis, also auf dem Standpunkt der Naturvölker. Da muss man wirklich sagen: Da steht mein Geist mit Ehrfurcht still, denn nur wenige haben die Fähigkeit, dies Übersinnliche zu erfassen und zu begreifen. So geht es mir nicht nur mit der Astrologie, sondern auch mit dem Hellsehen und Hellfühlen, den homöopathischen Potenzen und vielen anderen. Von großem Interesse war für mich der Einblick in Ihre eigene Veranlagung, an die man wohl glauben kann, ohne sie zu verstehen oder zu begreifen. So geht es einem ja aber eigentlich mit allem, was uns umgibt, mit allen Naturgesetzen, Naturerscheinungen ...“

---

41 Neuauflage „Die Pendel-Diagnose“, Ein Verfahren zur Feststellung der inneren Krankheiten des Menschen, von Dr. med. E. Clasen (Bohmeier Verlag). (D. V.)

Die Wünschelrute entdeckt versunkene Städte

Revolution der Archäologie? (Januar 1931)

In der Nähe von Rom wurde vor einigen Tagen in Gegenwart von Vertretern der italienischen und ausländischen Presse eine Aufsehen erregende Vorführung veranstaltet, die vielleicht für die künftige Tätigkeit der Archäologen von größter Bedeutung werden dürfte. Die bisherigen Entdeckungen vergrabener oder im Laufe der Jahrtausende versunkener Städte und Altertümer waren mehr oder weniger dem Zufall überlassen. Auch wenn hervorragende Forscher und Kenner bestimmter Kulturepochen ganz bestimmte Vermutungen hatten, dass an diesen oder jenen Stellen wichtige Reste alter Kulturen vergraben sein müssten, waren die Nachgrabungen nicht immer von Erfolg gekrönt, da die schriftlichen, uns überlieferten Zeugnisse nicht immer einwandfrei waren. So wurde viel Geld und Mühe ergebnislos vertan, und es bedeutete einen ungewöhnlichen Glücksfall, wenn es durch Zufall gelang, Schätze bergende Grabstätten, wie die des Tutanchamon, zu finden. Eine der wichtigsten Stätten für die Erforschung der Urgeschichte Roms ist allem Anschein nach die nähere oder weitere Umgebung der „ewigen Stadt“, da hier nach geschichtlichen Zeugnissen vor der sagenhaften Gründung Roms durch Romulus und Remus, d. h. vor dem Beginn des Siegeszuges der Römer durch Italien, hochentwickelte Städte der alten Etrusker gestanden haben, die dem Eroberer früher oder später zum Opfer gefallen sein dürften. Es war darum das Bestreben der Gelehrten, die Zeugnisse der alten vorrömischen Kultur in Italien zu finden. Bisher war es nicht gelungen, da der Schoß der Erde die in ihm verborgenen Geheimnisse vor den Augen der Menschen verbarg.

Nun ist es anscheinend durch die erstaunlichen Leistungen einer italienischen Wünschelrutengängerin gelungen, auch diese bedeutsamen Zeugen uralter europäischer Kultur aufzufinden. Allerdings war nicht der wissenschaftliche Forschungsdrang in dieser Beziehung bahnbrechend, sondern der wirtschaftliche Sinn. In der Nähe des kleinen Fleckens Lepringnano deuteten mehrere Anzeichen darauf hin, dass hier beträchtliche Ölvorkommen festgestellt werden können. Die römische „Gesellschaft für geotechnische Forschungen“ hatte sich zu ähnlichen Zwecken bereits des Öfteren einer Wünschelrutengängerin namens *Julia Mataloni* bedient, da sie durch ungewöhnliche Fähigkeiten auf diesem Gebiet in der ganzen Umgebung Roms berühmt war. Die junge Mataloni begann ihre Versuche, fand allerdings nicht Öl, dafür aber andere Schätze, die von noch größerer Bedeutung sind. Wenn man ihr nämlich Metall oder Tonscherben oder Knochen auf die die Rute führende Hand legt, dann schlägt die Rute aus, sobald sich an den betreffenden Stellen Metall oder Tongefäße oder Knochen befinden. Als die Unterbrechungen in Gegenwart der Pressevertreter und einiger führender römischer Archäologen, die auch bei den Ausgrabungen in Pompeji mitwirkten, begannen,

waren sowohl die Zeitungsleute als auch die Gelehrten sehr wenig vertrauensselig und belächelten die Bemühungen der „Gesellschaft für geotechnische Forschungen". Dieses Lächeln machte aber bald einem gespannten Ernst Platz, als die Rutengängerin mit unglaublicher Sicherheit einen Raum abschritt, der nach der Feststellung der Archäologen vollkommen die Form eines etruskischen Grabes aufwies. Daraufhin wurde an dieser Stelle genau nach den Weisungen der Rutengängerin in der von ihr angegebenen Tiefe gegraben – sie kann nämlich auch mit Hilfe der Rute ziemlich genau die Tiefe der vergrabenen Gegenstände bestimmen – und nach kurzer Zeit wurde ein uraltes Grab freigelegt, in dem sich alte Vasen und Geräte aus Bronze befunden haben, die die typischen Anzeichen etruskischer Kultur aufwiesen.
Auf weiteren Gängen entdeckte die Mataloni noch eine vollkommene Straße mit einem Tor und Türmen. Weiter wurde an dem Tag nicht mehr gegraben, da die Dunkelheit hereingebrochen war. Die Gelehrten sind aber überzeugt, dass diese Reste einer alten Straße auf das Vorhandensein einer alten etruskischen Stadt hindeuten, da alle Anzeichen bedeuten, dass hier tatsächlich die sagenhafte etruskische Stadt Capena liegt, die in der Frühgeschichte Roms eine große Rolle gespielt hat. Man wird noch weitere Mitteilungen abwarten müssen, ehe man ein endgültiges Urteil fällen kann.
Wenn sich nämlich, woran kaum zu zweifeln ist, die Erfolge bestätigen, dann handelt es sich um eine Angelegenheit, die eine völlige Umwälzung der bisherigen Forschungs- und Nachgrabungsmethoden der Archäologie in Aussicht stellt. Jüngst wurde bekanntlich durch Zufall in Pompeji in der Via dell abundantia ein großer Goldschatz gefunden. Die Mataloni soll nun nach Pompeji und Herkulanum gehen, denn jetzt werden durch die Wünschelrute ganz andere Ausgrabungserfolge ermöglicht werden als bisher. Man wird *systematisch* an die Hebung der kostbaren Gold- und Silberschätze gehen können.
Die deutschen Wissenschaftler stehen den angeblichen Leistungen der Mataloni skeptisch gegenüber, deren okkulte Fähigkeiten gänzlich unbewiesen wären. Die Grabstelle wäre vermutlich bereits der Frau bekannt gewesen, jedenfalls ließe sich das Gegenteil nicht beweisen. Die Wünschelruten- und Pendeluntersuchungen würden von der exakten Wissenschaft nicht anerkannt und nicht beachtet, deren angebliche Erfolge hätten immer andere und meist dunkle Ursachen. Bravo! Der deutsche „Geist" siegt.
Uns interessiert die auch in diesem Buch angegebene Methode, „Gleiches mit Gleichem" zu erfassen, also mit denselben Stoffen zu pendeln, die gesucht werden. Denn zwischen Pendel und Wünschelrute besteht kein grundsätzlicher Unterschied.

Kristallbildungen

Das Forschungslaboratorium am Goetheanum in Dornach bedenkt uns mit Ergebnissen, die unsere uneingeschränkte Aufmerksamkeit in Anspruch nehmen. Unsere These von der strahlenden Kraft im Raum an Stelle von dem bisherigen Begriff Materie wird durch die Forschungsergebnisse durchaus gestützt. Nachdem *Dr. L. Kolisko* in „Steigebildern" den Einfluss der Planetenstrahlen sichtbar nachgewiesen hat, veröffentlicht *Ehrenfried Pfeiffer* in seiner Studie Kristalle, wie alle diese Arbeiten herausgegeben vom Orient-Occident-Verlag in Stuttgart, eine andere Serie Forschungen, die auf Kristallbildungen beruhen. Chemisch reines Kupferchlorid wird in Glasschalen durch Trocknen zur Kristallisierung gebracht, diese Bildung wird fotografiert, dann werden diesem Grundstoff Säfte aus frischen Pflanzensäften, frischem Blut usw. zugesetzt, je 1 Tropfen. Nun zeigen sich ganz neue Kristallbildungen, die durchaus individuell sind. 90 derartige Bilder liegen der Mappe bei, und diese Bilder sind der Pendelforschung zugänglich. Wie zu erwarten, sind die Kristalle außerordentlich zart, formenreich, phantastisch schön, und sie deuten auf die Art der Pflanzen und Tiere hin!

Da wird 1 Tropfen aus einer Agave beigemengt, das Kristallbild gibt genau die Darstellung eines stacheligen Igelkaktus, etwa Echinocactus Mc Dowell. 1 Tropfen Seerosenblütensaft schafft ein Bild, etwa wie die Rose von Jericho. Kartoffelsaft, einmal biologisch gedüngt, das andere Mal mit Kunstdünger gepflegt. Die Bilder sind völlig verschieden! Wundervoll verästelt das erste, ein dürres Durcheinander das andere. Beim ersten ergibt die Gradpendelung den Nahrungsmittelquadranten, beim zweiten den dritten Quadranten mit Reizstoffen! Also der Nährwert ist vernichtet, der Grad entspricht etwa den schlecht gewordenen Kartoffeln im Frühling!

Zusatz von Rattenblut ergibt ein Stacheligelbild und beeindruckt sehr unangenehm. Katzenblut ergibt ein anderes Bild als Katerblut, beide haben jedoch Kristalle, die dem Pelze einer Angorakatze entsprechen! Beim menschlichen Blut ändert sich die Kristallbildung mit dem Glied, dem es entzogen ist! Es scheint sogar, als wenn jeder Mensch ein individuelles Kristallbild hat! Verschieden sogar beim Einatmen und Ausatmen! In diesen wenigen Sekunden verändert sich das Blut!

Eine andere Versuchsreihe befasst sich mit Eisblumen, destilliertes Wasser mit denselben Zusätzen. Jedes Bild verschieden.

Glaubersalzkristall als Mitternachtsbild, als Mittagsbild, während einer Sonnenfinsternis: völlig verschieden, wenn auch im gleichen Duktus!

Eine andere Serie: Unverdünnter Saft von Johanneskraut, dann von der 1., 2., 3., 4. Potenz: Die Formen entstehen aus einem Chaos des unverdünnten Saftes zu außerordentlich feinen Formen, die in der 3. Potenz am klarsten herausgearbeitet sind! Dasselbe Ergebnis bei der 2. Potenz vom Saft eines unreifen Apfels.

Rudolf Steiner ist den Weg Goethes[42] gegangen. Durch exakte Schulung der Geistessinne lehrte er, die Welt der Ideen durch innere Beobachtung so kennen zu lernen, wie zuvor die Menschheit die Natur durch äußere Beobachtung erkannte. Aus dieser Geistesbeobachtung ist die anthroposophische Weltanschauung entstanden. In ihr sehen wir den ergänzenden Schritt zu der Tatsachenstatistik der Naturforschung. –

Zu der Summe der Erfahrungstatsachen der stofflich gegebenen Welt fügte sich in neuester Zeit die fortschreitende Erkenntnis der Strahlungskräfte. Die Erscheinungsformen der Materie konnten durch Physik, Biologie, Chemie beschrieben werden. Sie werden in ihrem Verhalten beeinflusst, geleitet durch das mannigfache Kräftespiel der Natur. Diese Kräfte sind nicht nur magnetisch-elektrischer, lichthafter oder radioaktiver Art. Es konnte in den letzten Jahren gezeigt werden, dass von lebenden Organismen Strahlungen ausgehen, die in anderen lebenden Organismen gesteigerte Lebenswirkungen hervorrufen. Die Anschauungen der Forscher teilen sich hierüber in zwei Richtungen. Die einen möchte das ganze Gebiet der Strahlungskräfte durch Wirkung materieller Substanzen erklärt wissen, wie Hormone, Vitamine usw. Die teilweise Unmöglichkeit, für Strahlungsvorgänge irgendeine chemische Substanz isolieren zu können, zeigt der anderen Richtung den Weg von *reinen* Strahlungen zu sprechen, ohne die Hilfsbrücke chemischer Substanzen zu gebrauchen. –

Es kann aber heute schon gesagt werden, dass jede Substanz in den Zustand ausstrahlender Wirkung gebracht werden kann und dass es einen Punkt gibt, wo die Chemie einer Substanz gegenüber der *Wirkung*, die von ihr ausgeht, unbedeutend wird. In der grundlegenden Arbeit von Frau *L. Kolisko* („Sternenmächte in Erdenstoffen") über die Wirkung kleinster Entitäten wurde gezeigt, dass eine Substanz in dem Maß, wie sie verdünnt wird (sie chemisch abnimmt), sich ihre *Wirkung* (als Strahlung) steigert.

„Von jeder Substanz, insbesondere, wenn sie aus Lebensprozessen gewonnen ist, können Strahlungen ausgehen, die an anderen Substanzen oder Lebensvorgängen Wirkungen auslösen. Und es kann ein Gesetz aufgestellt werden, das in allgemeiner Formel lautet: Das Produkt aus Substanzwirkung (Materie) und Strahlungswirkung (ätherische Bildungskraft) ist konstant. Verstärke ich die Seite des rein chemischen, materiellen Geschehens, so sind die feineren Kräfte unwirksam.

---

42 Den wenigsten ist bekannt, dass Goethe selbst in seinem Leben, oder durch Freunde und Verwandte (schon sein Großvater verfügte über die Gabe des Vorausschauens), viele okkulte Phänomene erfuhr: Träume die sich bewahrheiteten, dunkle Vorahnungen und Orakel, Gedankenübertragung und Telepathie, spukhafte Vorgänge deren Zeuge er wurde, Poltergeisteffekte, mystische Zustände und vieles andere ‚Unerklärliche' mehr. Das führte dazu, dass er sich ausführlich dem Thema "Okkultismus" widmete. Vgl. Auch "Goethe als Okkultist" von Prof. Max Seiling, Neuauflage im Bohmeier Verlag. (D. V.)

Schwäche, vermindere ich den materiellen Vorgang, so werden die strahlenden Kräfte frei und können in Erscheinung treten."
Diese grundlegenden Sätze von *Ehrenfried Pfeiffer* sind für unsere Pendelforschung von großer Bedeutung! Hier ist die experimentelle Beweisführung für die vom Pendelforscher erkannten Strahlungskräfte!
Außerdem stellen sie in der Heilkunde den grundsätzlichen Unterschied zwischen homöopathischen und allopathischen Medikamenten klar.

Die Kristalle sind der Übergang vom Anorganischen zum Organischen, sie haben ein inneres Leben, eine „Seele". Man hat verschiedentlich versucht, anorganische Stoffe in Organismen umzuwandeln, lebende Zellen aufzubauen. Jeder organische Körper vermag es, die anorganischen Stoffe werden durch Verdauung in organische verwandelt. Der Direktor des biologischen Institutes in Mexiko, *Alfons L. Herrera*, ist diesem Ziel etwas näher gekommen. Er unternahm jahrelang Versuche, um aus einfachen Verbindungen Lebewesen der untersten Stufe zu gewinnen, die Ausgangslebewesen der Tier- und Pflanzenwelt. Herrera befeuchtete eine Glastafel mit einer Formalinlösung und legte sie auf eine Glasschale, in der sich eine kleine Menge Ammonsulfid befand. Die Schale wurde zehn Stunden lang intensivem Sonnenlicht ausgesetzt, damit der Wirkung der wirksamen ultravioletten Strahlung. Nach Ablauf dieser Zeit war die Schale erfüllt von eigenartigen Gebilden, die ihrer chemischen Zusammensetzung nach genau wie tierische Körper aus Sauerstoff, Wasserstoff, Stickstoff, Kohlenstoff und Schwefel bestanden und einfachen Zellgebilden glichen. Sie ähnelten etwa Amöben, Hefe, Bakterien, Protoplasma oder Spaltpilzen. Das Mikroskop ließ Zellkerne unterscheiden, ferner die bei der Zellentwicklung auftretenden Erscheinungen, wie vor- und zurückziehende Scheinfüßchen, Granicherung. Herrera hat diesen Gebilden den Namen Kolpoide gegeben.

Wir denken weiter! Jede sich bildende Kristallform ist Abbild eines bestimmten Lebewesens!
Damit werden auch die Kristallformen verständlich, die *Freifrau Maria Thaller von Schirnding* und *Rüdiger Dürenberg* in meinen Uranuskalendern für die Jahre 1928 und 1929 für Personen gezeigt haben – Darstellungen, die mehr Befremden als Verständnis hervorriefen!
Haben alle Wesen, somit auch Kristalle und Pflanzen, eine „Seele", so wird es auch verständlich, wenn wir sowohl die Strahlen der „Materie", also der Kristalle in jedem Lebewesen, in jeder Zelle, auspendeln können, wie auch die Individualität der Seele! Da tauchen neue Fragen auf. Ist jede Bewegung einer Pflanze, die ersichtlich zweckmäßig ist, zielgerichtete Dynamik? Wenn ein Igel im Augenblick der Gefahr sich zusammenrollt und seine Stacheln aufrichtet, so werden wir Zweckbewusstsein voraussetzen. Und wenn eine Mimose bei einer Berührung zusammenklappt und ihre Verteidigungsdorne vorstreckt, soll es absichtslos sein?? Höchstens könnte erklärt werden: Der Igel, die Mimose, der sich beim

Angriff unwillkürlich Arme und Fäuste schützend vorstreckende Mensch würden in diesem Augenblick vom Unter- und nicht vom Oberbewusstsein geleitet. Das ist jedoch nur *eine* Äußerung einer zielbewussten seelischen Kraft, die auch über eine andere verfügt. Beides ist Bewusstsein! Bei der Menge der Menschen ist das Unterbewusstsein im Handeln leitend, nicht das Oberbewusstsein.

Dr. Gg. Prüschenk ist anderer Meinung: „In den Pflanzen tritt uns das Leben ungebrochen, undifferenziert und undifferenzierbar entgegen. Leben ist alles, was sie erfüllt. Hinter diesem Leben Sinn, Intelligenz, Zielstrebigkeit, Energie zu suchen, hieße Eigenschaften des Lebens, ohne die es überhaupt kein Leben gibt, herauszulösen und als Entdeckungen, die keine sind, preisen!“ Anders ausgedrückt: Das Sinnvolle der Pflanze soll sinnlos sein! Lohnt es sich, darüber zu streiten? So urteilt, wer die Seele der Pflanzen noch nicht bemerkt hat, er urteilt äußerlich-materiell. Der Begriff „Leben“ müsste doch deutlicher erklärt werden!

Erkenntnisse

Wir sind von der Absicht ausgegangen, Stoffverbindungen auf ihre Strahlungen hin zu untersuchen, es war eine Wanderung mit dem Pendel durch die anorganische Natur. Und stehen am Ende vor der Erkenntnis, dass Betrachten und Untersuchen der stofflichen Struktur (im Dynamischen Kreis) keineswegs *das Wesen* des Objektes verschlossen hat: Das Objekt zeigte sich als Subjekt! Wir haben die bemerkbaren Ausstrahlungen der Elemente erfasst und sind dann auf Eigenleben in jeder gewachsenen Form gestoßen, ein Leben mit Bauwillen und Kraft zum Aufbau, kurz gesagt: eine Triebseele!

Erst diese mit ihrem „Stirb und Werde" macht uns die Alterserscheinungen der Metalle verständlich, das Altern und Springen der Edelsteine, so viel geheimnisvolles Walten in der Natur. Und es lässt sich nicht verschweigen: Dieses Walten und Leben, dieses Werden, Walten und Wandeln nimmt unser Nachdenken mehr in Anspruch, als der Baustoff an sich.

Nicht die chemische Zusammensetzung der Zwiebelwurzel ist bemerkenswert, wohl aber die Beobachtung von *Gurwitsch* (Moskau), dass die Zellteilung der wachsenden Wurzel Strahlen aussendet, welche fördernd auf die Zellteilung benachbarter Pflanzen einwirkt! Das kennen wir vom Menschen aus eigener Erfahrung: Die ausstrahlende Gedankenenergie eines Menschen regt unwillkürlich die Tätigkeit der Umgebung an, zunächst der Menschen, dann ... Wir erinnern uns der Pflanzenwunder indischer Fakire, deren Ausstrahlungen das Aufkeimen von Samen vor unseren Augen bewirken, erinnern uns der heilenden Hände einzelner Menschen und so vielen anderen „Zauberkunststücken" von zauberunkundigen „magnetischen" Personen.

Alle diese Energiestrahlungen beweisen Leben und Wesenheit!

Die Forscher *Reiter* und *Gaber* in Berlin haben die Wellenlänge der Wurzelstrahlen zu messen vermocht, und *Stempell* in München konnte eine Beeinflussung anorganischer Reaktionen durch dieselben Strahlungen feststellen, z. B. die Oxidation von Wasserstoffsuperoxid. Dazu die bereits früher erkannte oligidynamische Wirkung der Metalle, wie Kupfer, Silber usw. (= Feinkraftstrahlen), nachweisbar durch Abtötung von Bakterien im Wasser, ohne dass die Metalle darin chemisch nachweisbar wären: Das Wasser wird durch Silbersiebe geleitet.

Alles, was strahlt, wirkt unstofflich auf die Umgebung ein.

Der einkreisende Pendelausschlag bekundet Funktionen zwischen den einbezogenen Objekten. Wirkungen, die nützlich und erwünscht sind, während der trennende Pendelausschlag das Gegenteil anzeigt. Sprechen wir von Harmonie zwischen zwei Lebewesen, so heißt das: Es liegt das Bedürfnis für eine Einwirkung und eine Auswirkung gleicher Art vor. Glück oder Unglück, Not oder Befriedigung sind Bezeichnungen für Lebensäußerungen. Ruhe ist gleich Sättigung und Aus-

gleich. Jede Wesenheit ist nur aus der Art ihrer Bedürfnisse und Kraftabgaben zu erfassen.
Wenigstens bei höher beseelten Lebewesen tritt eine Perversionserscheinung hinzu: Es erhalten Lüste und Begierden Macht und Willen, die dem Lebewesen selbst nachteilig sind. Ich halte mich berechtigt, von Manien und Leidenschaften schädlicher Art wie beim Menschen, auch bei Tier und Pflanze, als möglich oder vorhanden zu sprechen. Daher ist die Bezeichnung harmonisch bei Einkreisungen des Pendels nicht immer sinngemäß, wohl liegt ein Bedürfnis nach Einwirkung oder Auswirkung vor, aber dieses Bedürfnis kann einem „Laster" entspringen. Bei Pflanzen werden wir dann gewiss von Entartung oder Krankheit sprechen.
Die Pendelforschung wird auf einen klar erkannten Weg geführt: Die Natur aus dem Inneren heraus wesenhaft und ursprünglich[43] zu erfassen, den in der Formgebung erkennbaren Bauwillen der Wesenheit zu verstehen und als Charakter zu ergründen. Die Chemie verliert an Bedeutung!
So denke ich mir die alten Naturkundigen, deren „Signaturen" tiefes Eindringen erkennen lassen in Ursachen und Kräften, denen der Materialist verständnislos gegenüber steht.
Jede Wesenheit verkörpert eine Idee, die Welt der Ideen ist auch unsere Welt! Darin beginnen alle Wirkungen.
So sind wir vom Stofflichen, vom Anorganischen, zum Seelischen, Organischen als Quellorgan gekommen. Und erkennen, dass der Pendel das Unstoffliche, Ungreifbare anzeigt, als ein Führer in die Urwelt der Ideen.
Noch eine Erkenntnis zum Schluss: Fast zahllos sind die Forschungsgebiete für den Pendler. Die Hauptaufgabe eines Lehrwerkes ist nicht die Aufstellung von Tabellen mit Pendelausschlägen, die zudem genau genommen nur für die Person des Verfassers maßgeblich sind, sondern in die Forschungsgebiete zu führen und zu zeigen, was der Pendel zu sagen vermag, sowie eine Sprachlehre für die Pendelsprache zu geben.

---

[43] Im Original: samenhaft. (rs)

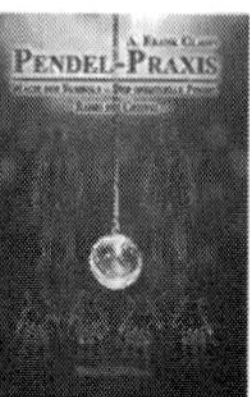